¿CUÁNDO REGRESAS A CASA?

Tienes mucho y aún así te sientes vacío?

Anhelas algunas veces el "hogar" aún sin saber dónde está? Crees que tienes que dejar tu vida a un lado para prestar atención a tu parte espiritual? Qué está mal con esta situación?

El doctor John-Roger es un hombre que exitosamente ha integrado lo material con lo espiritual y ha utilizado cada experiencia de vida para enseñarse a sí mismo como regresar a casa al corazón de Dios. En el proceso encontró las enseñanzas de la Trascendencia del Alma: conocernos como almas y en unidad con Dios, no como una teoría sino como una realidad viviente. Los doctores John-Roger y Pauli Sanderson lo llevan a través del viaje espiritual de un hombre que lo llenará de energía y le brindará la oportunidad para que Ud. tenga sus propias realizaciones personales.

A la par con las historias fascinantes de la vida de John-Roger Ud. descubrirá:

> ⋅ *Herramientas prácticas, técnicas y métodos que puede experimentar y utilizar para probarse a sí mismo la realidad de su relación con Dios.*

> ⋅ *Un* Viaje Interior a través de los Reinos del Espíritu: *Disco compacto que lo guiará a través de puertas de la conciencia que puede no haber reconocido con anterioridad*

> ⋅ *Un "mapa" de los reinos interiores del Espíritu que le proveen puntos de referencia a medida que tiene una experiencia espiritual más conciente.*

Ud. también sabrá la realidad de: que todos tenemos una conexión directa con Dios; que todas las respuestas que buscamos ya están presentes y que tenemos acceso a ellas adentro de nosotros a medida que aprendemos a escucharlas; que el amor, la paz y el gozo son cualidades inherentes al alma y que son nuestras para vivirlas aquí y ahora sin importar las circunstancias de nuestra vida. Como el padre de la historia del hijo pródigo (la cual inspiró este libro) Dios lo ama incondicionalmente.

La vida externa de este hombre John-Roger es cautivadora, pero en esencia una vida común y corriente. Su vida interna es una aventura extraordinaria. Al leer acerca de ella Ud. sabrá que puede hacer sus sueños espirituales una realidad. Esto es lo que este libro pone a su alcance.

¿Cuándo Regresas a Casa?

a Casa?

Una Guía Personal para la Trascendencia del Alma

JOHN-ROGER, DSS

con PAULI SANDERSON, DSS

M

MANDEVILLE PRESS
Los Angeles, California
EE.UU.

$$\boxed{\text{M}}$$

Traducción: Equipo de Traductores en Español del MSIA
Coordinación: Vincent Dupont

Edición en Español publicada por Mandeville Press
P.O. Box 513935
Los Angeles, CA 90051-1935 EE.UU.
323-737-4055
jrbooks@mandevillepress.org
www.mandevillepress.org

ISBN #: 978-1-893020-31-3

OTROS LIBROS DE JOHN-ROGER

Abundancia y Conciencia Superior
Amando Cada Día
Amando Cada Día para Mamás y Papás
Amando Cada Día para Los que Hacen la Paz
Baraka
Caminando con el Señor
¿Cómo se siente ser Tú?:Vivir la Vida como Eres en Realidad
Despertar dentro de la Luz
Dinámica del Ser Básico
Dios es tu Socio
Drogas
El Camino del Alma
El Camino de Salida
El Guerrero Espiritual: El Arte de Vivir con Espiritualidad
El Sendero a la Maestría
El Tao del Espíritu
El Sexo, el Espíritu y Tú
La Conciencia del Alma
La Familia Espiritual
La Fuente de tu Poder
La Promesa Espiritual
Manual para el Envío de la Luz
Momentum: Dejar que el Amor Guíe
Mundos Internos de la Meditación
Pasaje dentro del Espíritu
Perdonar: La Llave del Reino
Preguntas y Respuestas del Corazón
Relaciones: Amor, Matrimonio y Espíritu

Para mayor información puede ponerse en contacto con:

Mandeville Press, P.O.Box 513935
Los Angeles, CA 90051-1935 EE.UU.
323-737-4055
jrbooks@mandevillepress.org
alma@msai.org
www.mandevillepress.org

CONTENIDO

RECONOCIMIENTOS

Nuestros más profundos agradecimientos a las siguientes personas por su ayuda para la realización de este libro.

John Morton por su incentivo desde el primer día de este proyecto para escribir un libro acerca del alma. Lisa Loewner y Scott Robinson, por proveer "los ojos externos" y sus consideradas e inteligentes perspectivas. John Cawley, Stephen Keel, Nancy O'leary, Carrie Hopkins, Marie Leighton y Betsy Alexander por llevar este libro a su conclusión. Vincent Dupont por su guía a lo largo de las muchas etapas de producción. Shelley Noble y David Sand por su talento en diseño. Peter Sanderson por su constante e incansable apoyo y amor.

¿CUÁNDO REGRESAS A CASA?

Dios le habló al alma de su amado hijo palabras de amor y anhelo, de su deseo de dejar a un lado la separación e invitar a su hijo a retornar al hogar y a la magnificencia de los planos del espíritu. "¿Cuándo regresas a casa?"—susurró Dios—"¿Cuándo regresas a casa?"

Y, en el mundo llamado Tierra, el niño escuchó ese susurro desde un lugar muy profundo dentro de sí mismo; un lugar que le era desconocido hasta ese momento. El alma del niño se agitó y comenzó a despertar. Se extendió para alcanzar las palabras de Dios y los rayos de Luz que brillaban a través de esas palabras, y por el hogar que había dejado hacía tanto tiempo. Esta alma anhelaba conocer su verdadera naturaleza y reclamar su herencia. Acogió al amor y aprendió que su sustento era amor, paz y gozo. Supo que el viaje del alma no sería rápido, pero que el regreso a su hogar sería una experiencia magnífica.

UNA GUÍA PARA LA TRASCENDENCIA DEL ALMA

La historia de John-Roger—tema de este libro—es la historia sobre la jornada espiritual de un hombre. Él nos relata su viaje, no sólo a través de esta vida, sino a través de muchas otras a las que llama sus "memorias lejanas". Pero tal vez la historia más grande podría ser que desde su travesía personal nació la filosofía de la Trascendencia del Alma—o si lo prefieres—la ciencia de la Trascendencia del Alma, la cual ha venido enseñando durante casi cuarenta años a muchos estudiantes alrededor del mundo.

Como un explorador a través de su relato, John-Roger nos comparte sus observaciones y nos presenta parte de la cartografía de ese territorio. Nos señala algunas claves prácticas que podremos buscar en nuestra propia jornada, para orientarnos durante nuestros viajes. En su historia podremos encontrar principios para crear exitosamente nuestras propias aventuras. Lo que comenzó como una búsqueda personal del camino de regreso a Dios y el encuentro del Espíritu a dentro de sí mismo, es ahora una guía para otros que también buscan el camino de regreso al hogar. Es esto de lo que se trata este libro. Por otro lado, si así lo deseas, simplemente puedes "acompañarnos en el paseo" y disfrutar de los relatos de John-Roger sobre su travesía espiritual. De cualquier forma que lo hagas, deja que tu experiencia sea tu guía, pues, en última instancia, las respuestas están adentro de ti.

El sello distintivo de la Trascendencia del Alma es la simplicidad. La Trascendencia del Alma, como la presenta John-Roger, es reconocer en ti mismo un alma en unidad con Dios, no como teoría sino como realidad viviente. John-Roger considera al alma como tu verdadero ser; es más que tu cuerpo, tus pensamientos o tus sentimientos. Es el aspecto más alto de ti mismo, en donde tú y Dios son uno.

La Trascendencia del Alma solamente requiere tener la disposición de un compromiso al amor, la confianza y la expansión—y a vivir la vida concientemente. No existen artimañas. Cualquiera puede practicar la Trascendencia del Alma. No es una religión. Es una manera de relacionarte contigo mismo. Es reconocer que tú eres hijo de Dios y que tu propia naturaleza es divina. Es ver la vida desde la perspectiva de tu alma y desde ahí, la vida se convierte en una aventura sin fin. Todo es susceptible a tener un nuevo significado; así, lo ordinario permanece ordinario, pero adquiere una nueva cualidad de exploración y descubrimiento. Las actividades rutinarias se convierten en un telar para la expresión del alma. Los retos más pequeños de la vida (o los más grandes), pueden transformarse en situaciones que te empujan hacia nuevas oportunidades para practicar la paz y el ser amoroso y amable—cualidades del alma que escucharás a menudo en la historia de John-Roger. Finalmente, la Trascendencia del Alma es una travesía durante la cual descubrirás que el camino que al principio parecía desconocido, gradualmente crecerá y florecerá de manera que es tanto única y personal, como con propósito para ti.

En esta historia, conocerás algunos de los maestros con los cuales John-Roger ha estudiado durante su vida, así como algunos de los guías en sus experiencias internas. Más allá de esos seres que se han destacado como sus maestros, John-Roger demuestra una actitud abierta —y hasta aventurera—para descubrir "maestros" en las lecciones de la vida cotidiana en todas partes. Los capítulos de este libro no mantienen un orden cronológico, sino que siguen la secuencia de su desarrollo espiritual. Como resalta el propio John-Roger, estos relatos son el resultado de una destilación de un progreso personal largo y gradual. Algunas veces, los lectores consideran que el progreso espiritual es un suceso dramático, que le sucede solamente a unos cuantos seres avanzados. De hecho, el despertar espiritual, suele ser un proceso más gradual. Es más bien el resultado de aplicar consistentemente el estar concientes y atentos, durante una serie continua de elecciones que frecuentemente nos encontramos en nuestra vida cotidiana.

La Trascendencia del Alma es por tanto, una cuestión de elección. Elegir amor en lugar de odio. Elegir paz en lugar de resistencia. Elegir amabilidad en lugar de soberbia. Elegir esperanza en lugar de desesperación. La vida presenta muchos "juegos" de lucha y tensión. Dentro de nosotros está el alma, sosteniendo las claves para nuestra realización. Al utilizar estas claves, podremos jugar un juego nuevo, brindando amor a través de todas las expresiones de la vida. Es el juego del amor. Cuando estás en el juego de la vida y concientemente eliges jugar el juego del amor, estás practicando la Trascendencia del Alma.

Leamos el relato de John-Roger.

CAPÍTULO UNO

ESCUCHANDO EL LLAMADO DEL PADRE DE REGRESAR AL HOGAR, A DIOS

UNO

Voy a contarles una historia que incluye partes y fragmentos de mis travesías, mis viajes espirituales en este y otros mundos, en este y otros tiempos. Es el relato de una separación física, emocional y espiritual, y es la historia del retorno a mí mismo y a mi Dios.

En esta historia soy yo mismo, y de alguna manera, soy también cada hombre. Podría ser de cualquier raza o credo, de cualquier color o condición; podría ser hombre o mujer. Simplemente un ser humano, y por lo tanto, hijo de Dios.

A través de mis viajes, he descubierto que nuestras almas son chispas de lo divino, Dios individualizado. Nuestras almas son nuestra conexión con Dios y con el Espíritu. Cuando nos elevamos lo suficientemente alto, todas nuestras almas son de la misma esencia y es así como todos estamos conectados. Todos somos uno. Todos somos Espíritu Divino.

Durante la travesía de mis vidas, he llegado a creer que el sufrimiento humano descansa en el hecho de percibirnos separados de Dios, quien es la fuente última y verdadera de nuestro poder, creatividad y vida. Creo que esta separación es una condición temporal y que nosotros tenemos el poder de "regresar a casa" cuando lo elijamos, de retomar la conciencia de nuestra divinidad y adquirir el conocimiento de nuestras almas y de nuestro Espíritu. Yo creo que este es el mensaje de todos los grandes maestros espirituales a través del tiempo. Es un mensaje universal, que se mantiene igual, sin importar la época, la cultura o las tradiciones. En el Evangelio según San Lucas, está escrito que Jesús enseñó la parábola del *Hijo Pródigo,* aquel hijo que al reconocer los errores de su actitud, regresó arrepentido al hogar de su padre (Lucas 15:20-24, nueva versión internacional). Aún cuando el énfasis en la parábola está en el hijo que regresa a casa, yo la veo más como la parábola del "Padre que perdona", ya que es un ejemplo de la naturaleza de Dios, que ve la perfección de cada alma sin importar cuales sean las circunstancias y experimenta solo amor.

> *"Y cuando aún estaba lejos, lo vio su padre, y se llenó de misericordia, y corrió, y se echó sobre su cuello, y lo besó. Y el hijo le dijo: 'Padre, he pecado contra el cielo y contra ti, y ya no soy digno de ser llamado tu hijo'. Pero el padre dijo a sus siervos: 'Sacad el mejor vestido, y vestidle; y poned un anillo en su mano y calzado en sus pies. Y traed el becerro gordo y matadlo y comamos y hagamos fiesta; porque este mi hijo muerto era y ha resucitado; se había perdido y se ha hallado'. Y comenzaron a regocijarse".*

Es natural que los padres y las madres se regocijen cuando sus hijos regresan a casa. Las celebraciones de regreso a casa se repiten alrededor del mundo en muchas ocasiones y circunstancias. Cuando hay gran amor y cuando los tiempos de separación llegan a su fin, celebramos el regreso de nuestros amados. ¿Acaso no es lo mismo cuando nosotros, que somos hijos de Dios, encontramos el camino de regreso al hogar del Padre y hay regocijo más allá de lo imaginable para la conciencia humana? Pero esto sucede hacia el final de la historia, que comienza cuando cierto hombre tuvo dos hijos.

> *Y el menor de ellos dijo a su padre: "Padre, dame la parte de los bienes que me corresponde"; y el padre les repartió los bienes. Pocos días después, juntándolo todo, el hijo menor se fue lejos a una provincia apartada y allí desperdició sus bienes viviendo perdidamente.*

Yo me veo como alguien muy parecido al *Hijo Pródigo*. Hace mucho tiempo me "fui de mi hogar", aventurando por largo tiempo en los terrenos de las emociones, la mente, la imaginación y lo material. Los terrenos del Espíritu, el alma y Dios—mi verdadero hogar—se habían convertido en sombras ya casi olvidadas. No puedo decirte exactamente que causó en esta vida escuchar el llamado de mi Padre: *"¿Cuándo regresas a casa?"* Solo sé que lo escuché. Quizás el momento en el que esto sucede, está fuera de nuestra percepción conciente. Tal vez, Dios llama a cada uno de sus hijos e hijas y quizás, todos lo escuchamos, pero cada uno en su propio momento especial elige cuándo y cómo responder.

El despertar de mi alma ha sido un proceso gradual. Ha estado lleno de experiencias, maestros, errores y altas y bajas. El despertar de mi alma me ha enseñado acerca del alma, sus cualidades y fortalezas, su jornada y su naturaleza eterna.

Cuando era joven salí de mi hogar paterno para ir a la escuela superior. Dejé el único hogar físico que conocía con mis padres, hermano y hermanas. Dejé la seguridad de esa casa, mi comunidad, mis amigos, el apoyo emocional y ese tipo de cuidado y amor intrínseco que había conocido desde mi niñez. Me mudé de un pequeño pueblo rural a una cuidad grande. Fui a una escuela más grande también. Esto despertó algunas inseguridades normales e hice lo mejor que pude para reprimirlas pretendiendo (lo cual también podría llamarse ego).

Para conciliar mis sentimientos de separación e inseguridad, traté de ganarme la aprobación de potenciales amigos, maestros o de cualquiera que estuviera cerca. Pasé mucho tiempo tratando de complacer a otras personas, creyendo que eso me traería seguridad en el mundo. Y la verdad es que fui bastante hábil en ello, y obtuve algunos pequeños éxitos como resultado, pero—después de un tiempo—sentí que en realidad me estaba perdiendo de las cosas que de verdad deseaba en mi vida.

Me estaba perdiendo del amor verdadero y los cuidados genuinos. Estaba adorando al dios de la opinión constantemente. Estaba demasiado preocupado de lo que "ellos" pudieran decir o "ellos" pudieran pensar. Constantemente modificaba o cambiaba mis respuestas para complacer a otros. Y, gradualmente, perdí el sentido de quien yo era en realidad, el niño aquel que había sido en el contexto de mi familia y mi comunidad. Sabía que mi cuerpo estaba atravesando por ciertos procesos y mi estado emocional tenía muchos sentimientos a este respecto. Mi mente entretenía muchos pensamientos negativos a cerca de mí mismo, de la gente a mí alrededor y del mundo en general, simplemente, porque no me agradaba lo que yo estaba haciendo o lo que estaba sucediendo en mi entorno.

En la escuela, estudié no para aprender, sino para obtener buenas calificaciones en los exámenes. No le puse la más mínima atención a lo que realmente pensaba o sentía sobre el tema. Sólo trataba de memorizar lo que creía que el maestro quería escuchar en el examen. Estaba demasiado ocupado sacrificando mi integridad y sintiéndome incómodo al respecto.

Me acuerdo haber querido desesperadamente pertenecer a un cierto grupo de compañeros. Trataba de decir lo que ellos dirían, hacer lo que ellos harían y responder lo que ellos responderían, para hacerme agradable, de suerte que me aceptaran y me permitieran ser uno de ellos. Sin embargo, para mi sorpresa, no querían a otra persona igual a ellos en el grupo, querían a alguien diferente; así que no me eligieron. En retrospectiva, puedo ver lo afortunado que fui, pero en esa época, sólo pensé que el mundo estaba en mi contra. Estaba muy ocupado juzgándome a mí mismo, a ellos, al sistema y a todo lo que me rodeaba. Estaba tan ocupado juzgando, que perdí la pista de aquel que hacía los juicios. ¿Dónde estaba "yo"? ¿Dónde estaba la parte de mí que era mi esencia?

Me di cuenta que cuando me esforzaba en complacer a otros, me era más y más fácil mentir. Alguien podía mencionar algo que yo había dicho a otra persona, y mientras la persona me hacía ese comentario, yo pensaba (juzgaba) que mi punto de vista no le gustaba, así que negaba lo que había dicho anteriormente y cambiaba mi historia. Decía lo que creía que esta nueva persona quería escuchar, y luego cuando la otra persona se me acercaba diciéndome que había escuchado lo que yo había dicho—si sentía que ellos lo desaprobaban—contaba de nuevo otra historia. Con el tiempo aprendí que esto no estaba funcionando para nada. Estaba confundido y alterado la mayor parte del tiempo. Y el resultado de mi comportamiento de complacer a todo mundo, fue el de no agradarle a nadie. Algunas personas me toleraban, pero no parecía que estaba haciendo el tipo de amigos que quería ni viviendo el tipo de vida que quería.

Parecía que había perdido el sentido de mi propio centro, como aquel que había experimentado en casa cuando era más joven. Ahora, parecía estar "fuera de mí" la mayor parte del tiempo. Estaba más pendiente de lo que otras personas creían y pensaban, en vez de lo que yo hacía. Había perdido todo sentido de pertenencia. Me sentía solo y separado, tanto cuando estaba solo, como cuando estaba en compañía de las personas que se habían hecho tan importantes para mí en esa época. Me estaba convirtiendo rápidamente en una persona miserable. Algo tenía que cambiar.

Decidí que miraría mi vida durante unos seis meses, y ver si simplemente podía observar lo que estaba sucediendo. Me propuse ser objetivo al observarme a mí mismo y ver si cierta neutralidad pudiese generar verdadera introspección y cambio. Comencé a observar mi propio comportamiento con más honestidad. Empecé a admitir cuando mentía y cuando cambiaba mis historias para complacer a otros. Comencé a preguntarme que era lo que me inducía a comportarme de esa manera. Con el tiempo descubrí que tenía miedo que si decía lo que pensaba—si expresaba mi punto de vista con firmeza y sin retroceder a la primera señal de desaprobación—no sería capaz de apoyarme a mí mismo emocionalmente. Tenía miedo de verme débil, estúpido, sin educación o cualquier otro sin número de cosas que yo mismo juzgaba como malas o erróneas.

Con este reconocimiento, se despertó una voz dentro de mí; una voz que me invitaba a hablar mi verdad, cualquiera que esta fuese en cualquier momento. Reconocí el valor de esa exhortación para hablar la verdad, aunque me asustara mucho en el momento. ¿Quién dentro de mí afrontó la verdad? Sentí mi alma despertando, aunque no tuviera palabras para identificarlo. Sabía que este era el camino correcto aún cuando no sabía a donde me iba a llevar.

En algún lugar en mi fuero interno, podía sentir la presencia de Dios y podía escuchar esa pregunta en silencio: "*¿Cuándo regresas a casa?, ¿Cuándo reconocerás que eres Espíritu, que eres alma, que eres un heredero legítimo al reino de los cielos?*"

Resolví que, sin importar que tan popular o poco popular pudiera ser, diría lo que sentía. Diría lo que yo creía que era la verdad para mí. Decidí no buscar conversación sólo por escucharme hablar a mí mismo y si me lo pidieran o fuera importante, diría la verdad. Durante muchas, muchas semanas, luego de tomar esta decisión e implementar este cambio, tuve muy poco que decir a las personas. Mi mente, por primera vez, se volvió muy callada. Yo era tan ágil descubriendo lo que otras personas pensaban para luego decirles lo que ellos querían escuchar, que me tomó un tiempo descubrir que era lo que *yo* pensaba. Cuando no sabía lo que pensaba o como me sentía acerca de algo, concientemente elegía quedarme callado.

Al permanecer tanto tiempo callado, encontré que mi mente se calmó. Después, mis emociones parecieron tranquilizarse, ya que no tenía que preocuparme por lo que otros pensaban. Entonces, mi cuerpo dejó de doler. Y una voz muy profunda dentro de mí, reconoció mi nuevo comportamiento con un pensamiento: "Ahora sí te estás volviendo Inteligente".

Aún así, existía mucha separación dentro de mí. No puedo decir que me conocía a mí mismo de forma significativa. Todavía no sabía que dentro de mí habitaba una chispa de Dios, que me guiaba si la escuchaba, que me confortaba si se lo permitía, o que podía satisfacer mi deseo de conexión y sentido de pertenencia que tanto buscaba. Estas cosas estaban aún escondidas, pero comenzaban a ser reveladas.

A medida que pasaba el tiempo, distinguía a las personas que tenían más conocimiento que yo, que parecían más sabias, que parecían haber experimentado lo que yo buscaba y de quienes yo podía aprender. Mi búsqueda se volvió el conocerme a mí mismo. Mi reto fue buscar quien era yo, descubrir quien era el que decía: "mi cuerpo siente esto" o "mis sentimientos son estos" o "mis pensamientos no están claros"—y descubrir quien decía: "Di la verdad". "Ahora sí té estas volviendo inteligente". ¿Quién clamó: "*mi* cuerpo", "*mis* sentimientos", "*mis* pensamientos"? Todavía no pensaba acerca del alma, pero la intuición y el estar conciente de que había algo más allá de mi forma física se hacía cada vez más evidente.

En la Biblia, la parábola del *Hijo Pródigo* contiene sólo algunos párrafos. Y, gran parte de la narración fue escrita sólo desde el punto de vista del padre y del hijo bueno. No hay mucho escrito desde el punto de vista del *Hijo*

Pródigo. Uno podría imaginarse que el proceso del *Hijo Pródigo*—visto desde su perspectiva—sería complejo e interesante, pero la historia como la conocemos dice:

> *Luego que vendió todo, hubo una hambruna severa en todo el país y comenzó a sentir necesidad.*

La necesidad no es siempre una necesidad física. Al final de mi adolescencia y comenzando los veinte, la dificultad que tenía era mi actitud hacia la vida. Un problema común, particularmente en la cultura occidental, donde se nos ha dado tanto. Tenemos tanta abundancia que a menudo la damos por un hecho. Quizás, el *Hijo Pródigo* también experimentó esto. La historia implica que en un tiempo fue rico y experimentó abundancia. Algunas veces cuando tenemos tanto, comenzamos a pensar que es nuestra propiedad, que ameritamos un cierto nivel de comodidad y conveniencia. Sin embargo, nada podría estar más lejos de la verdad. Por supuesto, que esto no nos detiene de proyectar nuestro propio punto de vista egocéntrico hacia el universo y hacia Dios, y exigir la provisión de bienes y servicios hasta saciar nuestros corazones. Yo estaba necesitando un cambio de actitud y de ser más agradecido por lo que ya tenía. Con el tiempo, experimenté que moviéndome hacia una mayor gratitud estaría más cerca de mi hogar espiritual, era parte de mi travesía y el despertar de mi alma.

LAS MUCHAS FORMAS EN QUE PODEMOS SENTIR SEPARACIÓN *A menudo, es un reto reconocer que existe una opción diferente, diferente a la de defender nuestros puntos de vista, diferente a la de preocuparnos tanto por lo que otros puedan pensar de nosotros.*

Quizás, los estados de separación son temporales, pero a menudo van juntos haciendo difícil escuchar una voz más calmada, una voz de sabiduría.

Toma un momento ahora para considerar que más allá de tu cuerpo, tu mente y tus emociones, existe algo más perdurable, algo más grande.

¿Lo has sentido? ¿Te has preguntado alguna vez esto? ¿Has sentido alguna vez una especie de anhelo por el "hogar" sin siquiera saber lo que significaba o cuan diferente era de tu experiencia presente? ¿Alguna vez has escuchado adentro tuyo, el eco de un susurro que pudiera estar diciendo: "¿Cuándo regresas a casa?" ¿Qué sería saber que tu vida aquí en la Tierra es sólo una parte de tu historia? ¿Qué, si hay más?

Considera experimentar una actitud de apertura. Ahora, piensa cual sería tu actitud si supieras que hay un lugar preparado para ti, un lugar que es tu verdadero hogar. Es un lugar que se mantiene siempre seguro y sagrado para ti, hasta que estés listo para aceptar que existe y listo para dirigirte hacia ahí.

Tú sabes que serás recibido allí por los seres más amorosos que hayas imaginado. ¿No incluirías acaso en tu actitud elementos de gratitud, entusiasmo, paz y amor? ¿No estarías muy agradecido de saber que estás regresando a casa?

Si practicaras la Trascendencia del Alma, quizás comenzarías por practicar gratitud. Inténtalo por una hora, un día o una semana. Sé creativo. Comienza con cosas sencillas. Pruébalo en áreas donde normalmente experimentarías gratitud.Y cuando la vida te parezca demasiado difícil, triste o dolorosa, eleva tu perspectiva y pídele a tu alma que te muestre como puedes utilizar tus experiencias para aprender a ser agradecido, a dejar ir tus juicios y a expandir tu amor.

Para conocer más del alma, observa con los ojos y escucha con los oídos de la gratitud.

CAPÍTULO DOS

ENCONTRANDO A DIOS EN EL PANTANO DE LA VIDA

DOS

Un día, después de haber despertado más plenamente a mi alma y a su infinita y eterna naturaleza, me encontré quejándome de mi situación en la vida, y descubrí que estaba exigiendo de manera sutil—o quizás no tan sutil—que Dios y el Espíritu me proveyeran con algo mejor. Los recuerdos de otros tiempos y lugares empezaron a tomar forma dentro de mi mente. Con estos recuerdos surgieron preguntas de cómo podría estar recordando algo de otro tiempo y lugar. Sin embargo, me sostuve firme en mi experiencia y en esa medida, se me hizo evidente que el alma, que es mi esencia, mi chispa individualizada de Dios, había tenido muchas otras experiencias en otros tiempos y en otros lugares.

Al parecer, esta experiencia terrenal en particular, es solamente una entre muchísimas otras. Ha tenido una miríada de otras experiencias. A través de mi alma existe una conexión interior con muchas otras experiencias que esta alma ya vivió y quizás a veces, en este mismo cuerpo (yo) de ahora, experimento recuerdos de otros tiempos y lugares. No es muy diferente al de recordar cosas de la infancia; sólo se retrocede un poco más en el tiempo. Este tipo de "memoria lejana" no sucede todo el tiempo, ni tampoco cuando uno lo desea. Generalmente ocurre cuando existe una razón específica para ello. Tal parece que el Espíritu es muy eficiente y ecológico en el manejo de todas las cosas. Nada es en vano. Si no hay necesidad de utilizar alguna experiencia pasada (cercana o lejana), simplemente no se recuerda o no se hace conciente. Si es necesario, el recuerdo se presenta generosamente.

Al principio, el recuerdo de este incidente particularmente lejano, pudo parecer un poco como un sueño. Pero la vivencia de esa experiencia me invadió de tal suerte, que supe que esto no era para nada un sueño. Fue más como una llamada de atención o como una patada en el trasero. El recuerdo era de un tiempo (no muy atrás en el pasado, aunque no en esta vida). En ella estaba aprendiendo una gran lección sobre prioridades, apegos y desapegos. Yo estaba en lo que llamaríamos un camino espiritual, estudiando concientemente a Dios y al Espíritu; tenía dinero y muchos privilegios, por lo menos al principio.

En algún momento, todo el éxito que era parte de mi vida exterior comenzó a derrumbarse. Las cosas se pusieron muy mal para mí en los negocios. Y perdí todo. Perdí dinero. Mis amigos y mis seres queridos me abandonaron. Me quitaron mi casa. Se parecía al juicio que le hicieron a Job en la Biblia, excepto que Job estaba conciente de que Dios tenía que ver en parte con todo lo que le sucedía. Yo no estaba tan seguro. Job estaba seguro de que el diablo lo estaba tentando. Yo no estaba conciente de eso. No había ningún diablo al que yo pudiera identificar. Sólo sabía que estaba viviendo algunos eventos desastrosos. Lo único de lo que yo estaba seguro, era que todo se estaba desmoronando frente a mí y que en poco tiempo me encontré sin nada, excepto yo mismo. Esto, de verdad era "estar necesitado", como se dice del *Hijo Pródigo*.

Había perdido mi hogar. Mis amigos se cansaron de prestarme dinero y albergarme, y eventualmente todo se redujo a tener que vivir en las calles. No tenía dinero. Me era imposible conseguir cualquier tipo de trabajo. Pasaba días sin tener nada que comer. A veces, me peleaba con los perros de la calle por las sobras de comida. Eso fue ir muy abajo, particularmente si perdía la pelea como muchas veces sucedió. A medida que pasaba el tiempo, hasta mi ropa comenzó a desintegrarse al punto de caerse. Me quedaban sólo unos cuantos harapos encima y no los suficientes para mantenerme siquiera tibio en las noches.

Una noche, me caí en una zanja de barro y en el intento de sobrevivir noté que si cubría todo mi cuerpo con barro, éste se secaría convirtiéndose en un escudo para protegerme del viento helado. Lo intenté y funcionó, me mantuve mucho más caliente que antes. Sin embargo, durante el día necesitaba encontrar algún lugar donde pudiera lavarme el barro para no cocinarme dentro de éste. Así que, la mayor parte de mi tiempo lo pasaba buscando una zanja de barro para pasar las noches y al día siguiente, un lugar donde pudiera lavármelo.

Así viví por largo tiempo. En este proceso aprendí la importancia de inhalar y exhalar. El pasar tanto tiempo simplemente tratando de sobrevivir me enseñó mucho. No tenía tiempo de pensar, ni de preocuparme por cosas más allá de simplemente sobrevivir. Y, en esas circunstancias comencé a pensar más y más en Dios. Comencé a reflexionar más sobre mí mismo como parte de Dios. Comencé a reflexionar sobre el pasado cuando gozaba de abundancia y me preocupaba por dinero, apariencias, amigos e imagen. Comencé a observar que todas esas cosas eran una cuestión de elección. Yo había elegido preocuparme por esas cosas. Ahora, podía ver que todo ello le resultaba supérfluo a mi verdadero ser.

Comencé a observar que yo seguía siendo el mismo a pesar de ya no tener amigos, dinero, casa, auto o esposa. Después de haber tenido todo y de que todo eso se me había arrebatado, yo seguía siendo el mismo. Y Dios seguía siendo Dios.

Esto era algo para contemplar. Comencé a sospechar, como lo hizo Job, que quizás Dios si tuviera que ver en todo esto. Me pregunté cuál era el propósito de toda esta experiencia. ¿Estaría yo en una zanja de barro para aprender? Decidí que si por alguna razón Dios era parte de mi experiencia, no iba a maldecir a Dios en mi ignorancia, y en mi ignorancia, no iba a maldecir a otros. No culparía a otros, ni especularía el por qué esto me estaba sucediendo a mi y no a otras personas que tenían mucho más que yo. No compararía mis experiencias con las de ellos. Estaba comenzando a notar que mi experiencia estaba perfectamente diseñada para mí y que podía quizás, aprender de ella. De manera que aprendí lo mejor que pude.

Aprendí que si esto era lo peor que podría sucederme, yo podía sobrevivirlo. Aprendí que mi felicidad no dependía de las cosas de este mundo. Aprendí que yo siempre, minuto a minuto, tenía la elección de ser feliz o de no serlo. Comencé a ser conciente de que esta experiencia no me derrumbaría. No me vencería. No dejaría de existir. Me vi siendo recursivo, diligente, cuidadoso, creativo y lleno de esperanza. Todas excelentes cualidades que son las que me sostuvieron. Había llegado a lo más bajo que podía ir en términos de este mundo físico. Pero descubrí que después de estar tan abajo y tan fuera—por así decirlo—desde allí, todo lo demás está un paso arriba. Estaba caído de espaldas, vencido por las circunstancias, así que desde ese punto, sólo podía mirar hacia arriba.

Comencé a descubrir cuan fuerte era, deje de sentirme como un relegado de la sociedad y empecé a concebirme como parte de una realidad mayor. El mundo—con sus usuales preocupaciones por la familia, amigos, casa y trabajo—en esencia había cesado de existir para mí. Todos esos puntos de referencia e identificación personal comunes habían desaparecido. Estaba fuera de todo eso. Se me hizo imperativo descubrir quien era yo, si es que no deseaba volverme loco o sucumbir bajo esta situación tan deprimente. Necesitaba saber que era eso en lo que estaba hundido dentro de mí, y lo que encontré fue a Dios. Encontré una especie de estado esencial. Encontré que en mi aliento—al inhalar y exhalar—había una identidad. Yo era parte de algo. Era parte de mí mismo, era parte de Dios. Mientras tuviera aliento, esa identidad no se me podría arrebatar.

Con el tiempo, como parte esencial de inhalar y exhalar empecé a respirar el nombre de Dios. Comencé a decir el nombre de Dios una y otra vez, donde sea que estuviera o haciendo lo que fuera. Encontré que con ello generaba dentro de mí una especie de poder que me sostenía. Me sentía conectado con algo que era totalmente distinto a mi experiencia presente. Algunas noches me acurrucaba con los animales callejeros para calentarme. Me tendía entre ellos y repetía el nombre de Dios una y otra vez. No tenía ya frío y me sentía a salvo y con vida.

Finalmente, me abstuve de hacer especulación sobre como deberían cambiar las cosas. Desistí del deseo de estarme forzando a "ponerme de pie". Dejé de tener una opinión acerca de lo que estaba pasando. Me dije: "Ignoro cuanto tiempo va a durar esto. Ignoro cuanto tiempo estaré aquí. Sea el tiempo que sea, ahora confío que eso es lo mejor ya que por el momento, tal parece que no tengo otra alternativa". Entonces, surgió desde lo profundo de mí ser, la certeza de que yo era capaz de perseverar a través de cualquier situación. Noté que había cambiado profundamente. Sabía que el mundo ya nunca iba a ser lo mismo para mí, dado que tendría desde ahora un punto de referencia muy distinto; el mundo con todo su glamour ya no iba a poder seducirme como lo había hecho en el pasado. Sin embargo, no había pensado que existía un hogar espiritual para mí, al cual podría ir y ser recibido con un amor total e incondicional. No me había percatado todavía de que quizás Dios me estaba llamando de regreso al hogar, aunque si me daba cuenta de estar aprendiendo muchas lecciones de vida sumamente importantes. Y, en un periodo de tiempo muy corto, las cosas empezaron a cambiar. Las personas que me habían rechazado vinieron a buscarme y me proveyeron con alimentos, vestido y albergue; me pagaron el dinero que me debían y me devolvieron las pertenencias que me habían sido arrebatadas.

A medida que recibía las cosas que se me estaban devolviendo, me di cuenta lo poco importantes que eran. Casi no podía creer que en algún momento me hubieran importado. Y las regalé. A medida que me pagaban el dinero que me debían, lo regalaba. Mi situación si cambió y tuve casa, comida, ropa, todo, pero ya sin exceso. Regalé mucho a aquellos que realmente necesitaban más que yo.

Conforme mi fortuna regresaba y todo parecía ir 'viento en popa', fui haciéndome más conciente de que cuando repetía el nombre de Dios una y otra vez, era cuando me sentía verdaderamente feliz. Me sentía profundamente conectado a una realidad mayor que existe más allá de todas las cosas materiales de este mundo. Noté que aún cuando ya tenía alimentos y ropa, seguía repitiendo el nombre de Dios. Era agradable repetir el nombre de Dios una y otra vez en un ambiente limpio y cómodo; pero no era tan diferente de hacerlo mientras me sentía a salvo cálidamente acurrucado entre los animales callejeros.

Había aprendido que, independiente de toda circunstancia externa, Dios es. Había aprendido que cuando estaba conciente de Dios, estaba también conciente de una presencia divina y que me sentía en profundo contacto con mi alma; esa parte de Dios individualizada dentro de mí, dentro de ti y dentro de todos y cada uno de nosotros.

Eso fue lo que aprendí en el cenagal de la vida. Aprendí que tenía una conexión permanente y eterna con Dios y con mi alma y la cual es más valiosa que cualquier cosa en este mundo. Aprendí a vivir desde el centro de mi alma. Aprendí que tanto el éxito como el fracaso en este mundo no son nada cuando se comparan con el alma.

*L*A HISTORIA PINTA UN CUADRO DE EXTREMA
PÉRDIDA, que guía a triunfos profundos de descu-
brimiento interior.

¿Perdiste alguna vez algo que sentías te era muy impor-
tante y te preguntaste si podrías vivir sin ello? ¿Cómo reco-
braste tu sentido de ser, tu experiencia de plenitud? ¿Qué
aprendiste acerca de las cosas que perdiste? ¿Era tan impor-
tante como inicialmente? ¿Qué aprendiste de ti mismo—y
cómo perseveraste o superaste este reto?

John-Roger habla de como el haberse concentrado en
su respiración, lo ayudó a atravesar tiempos desafiantes. El
aliento es un regalo de Dios—una manera simple y segura
de contactarse con el Espíritu y el alma.

Sin embargo, el respirar es algo que damos por hecho
porque lo hacemos todo el día y toda la noche, todos los días
y todas las noches. No necesitamos ni pensar en ello. Sucede
en forma automática y constante. Al igual que el Espíritu. Al
igual que Dios.

Es sólo cuando perdemos la respiración que realmente nos
damos cuenta del respirar. Lo notamos cuando nos lanzamos
en lo profundo de un lago y tenemos problemas para subir

suficientemente rápido a la superficie. Lo notamos cuando perdemos el aliento al hacer ejercicio vigoroso o quizás, al encontrarnos a gran altitud. Lo notamos si estamos enfermos y estamos teniendo dificultad para respirar. Pero la mayor parte del tiempo, simplemente respiramos.

Respirar——con conciencia de que tu respiración es un regalo de Dios——es una forma de experimentar la presencia de tu alma. Cuando respiramos en forma conciente——en forma profunda, completa y en un estado de paz——podemos tocar la simplicidad de la naturaleza divina de nuestra alma. Es una forma maravillosa de experimentar que todo esta bien en un nivel fundamental.

Prueba esto:

Inhala contando hasta cuatro y exhala contando hasta cuatro.
Toma una pausa y espera a que Dios respire por ti.
Espera que tu alma tome el próximo aliento.
Luego, inhala contando hasta cuatro y exhala contando hasta cuatro.

Relájate. Permanece en silencio.
Espera que Dios respire por ti.

Repite esto por varios minutos.

Observa qué está respirando por ti cuando te relajas
y simplemente esperas a que te llegue el próximo aliento.
Observa qué es lo existe más allá del control conciente.

¿Cómo te sientes ahora?

La trascendencia del Alma es la práctica de conciencia:
Conciencia de ti mismo, conciencia de tu alma, conciencia
de Dios. Más allá de todas las actividades de esta vida, más
allá de los éxitos y de los fracasos, más allá de las relaciones
y los bienes materiales, está el alma, que es la que realmente
perdura sobre todo lo demás. El alma es con la que puedes
contar, es el vehículo de tu expresión aquí. Cuando llegaste
a este plano físico, el alma fue tu vehículo e igualmente será
tu vehículo al abandonarlo.

Si practicas la Trascendencia del Alma y llegas a conocer
a tu alma, podrás descubrir lo que es realmente importante
y lo que vale la pena. Te doy una clave: No será realmente
un coche nuevo, una casa más grande o dinero. No será tam-
poco si eres alto o bajo, delgado o robusto; si eres de cabello
liso o rizado y si puedes correr un maratón en menos de tres
horas. Te doy otra clave: Pregúntate qué es lo que adentro de
ti te mantiene firme a través de las altas y bajas de la vida
o sus pérdidas o ganancias.

CAPÍTULO TRES

ELIGIENDO MÁS ALLÁ DE LA SEPARACIÓN

La historia del hijo pródigo me intriga. No nos revela nada sobre esa familia o los dos hermanos antes de que el hijo menor dejara su hogar. Sin embargo, debe haber habido amor y protección en el hogar—dado que caído en tiempos difíciles, el "hijo perdido" pensó:

"Me levantaré e iré a mi padre y le diré: Padre, he pecado contra el cielo y contra ti. Ya no soy digno de ser llamado tu hijo; hazme como uno de tus jornaleros. Y levantándose, fue a donde su padre".

Aunque había cometido errores y se había alejado de su padre por largo tiempo, sabía que podía regresar al hogar de su padre.

Yo crecí en un hogar en el que recibí mucho amor y apoyo. Aunque no era un hogar perfecto, tenía aspectos que si lo eran. Crecí con tres hermanas, un hermano, y con mi mamá y mi papá. Yo era un niño sumamente activo y curioso. Siempre tuve muchas preguntas cuando era joven. Preguntas como: ¿Por qué mi hermano podía salirse con la suya en algunas cosas y yo no? ¿Por qué las niñas recibían cosas especiales? ¿De qué se trataban las relaciones? ¿Por qué amábamos u odiábamos? ¿Qué nos hacía felices o tristes? ¿Por qué nos enojábamos? ¿Por qué cada uno de nosotros respondía de manera diferente?

A medida que fui creciendo, me preguntaba por qué algunas personas parecían tener un aspecto feliz y positivo sobre la vida, mientras que otras eran tan infelices. Me pregunté por qué algunas personas alcanzaban mucho éxito, en tanto que otras no lo podían hacer; y por qué el éxito venía de maneras tan diferentes. Algunas personas no parecían tener posesiones materiales y sin embargo, gozaban de otro tipo de abundancia como amor, felicidad, familia, fe y gratitud. Otros parecían tenerlo todo pero no eran particularmente felices y siempre estaban deseando algo más o distinto.

Con esa curiosidad, empecé a observar a mi familia y a ver como se relacionaban entre ellos y conmigo. Me enseñaron mucho. Una vez, cuando mi hermana era muy joven, el chico con el que ella deseaba ir a su baile de graduación, no la invitó. Ella se sintió terriblemente mal. Estaba triste y deprimida y sintió que el mundo le había caído encima y que nuestra madre no le daba suficiente consuelo. Nuestra madre simplemente continuaba con su rutina diaria, como siempre, y sus palabras de sabiduría hacia mi hermana fueron: "No te preocupes, cariño, no puedes permanecer triste para siempre. Muy pronto te sentirás mejor". Lo observé y fue cierto. Mi hermana se sintió miserable por un rato más y luego se tranquilizó. Otro muchacho la invitó a salir. Las cosas cambiaron. Encontró otros intereses, otras cosas que eran valiosas para ella y la vida le sonrió nuevamente. Observé todo el proceso por el que atravesó mi hermana y con lo que me surgieron muchas preguntas. Para empezar, ¿fue necesario que ella se sintiera mal? Puesto que eventualmente se sintió otra vez bien, ¿podría haberse sentido bien todo el tiempo? ¿Cuál fue la diferencia?

Una cosa que comprobé fue que cuando alguien se sentía mal en casa—yo, mi hermana, mis padres—se creaba una sensación de separación. Cuando yo estaba enojado con mi hermano, quería que él estuviera lejos, que me dejara en paz. Me apartaba, me iba por mi cuenta. Lo mismo ocurría cuando mi hermana y otras personas se sentían mal, se apartaban de los demás.

Mi madre le decía a mi hermana: "No te preocupes, cariño, en poco tiempo te sentirás mejor". Me pregunté si esa era su manera de hacerle sentir a mi hermana que en su infelicidad, se estaba separando pero que eso era temporal y que en corto tiempo, volvería a sentirse unida a los demás. ¿Has notado alguna vez que puedes estarte sintiendo mal, infeliz o como si no le importaras a nadie, y que alguien se te acercó y te hizo un cumplido, o te abrazó diciéndote: *"De verdad que te amo"* y de repente, tu tristeza simplemente se desvaneció? De pronto, la gente es buena de nuevo, tu te sientes muy bien y todo parece estar bien. ¿Qué sucedió? Probablemente, tu cambiaste de un estado interior de separación, a uno de conexión o a un sentimiento de unión. Es un cambio poderoso. Refleja una elección. En cualquier momento, podemos elegir separación o podemos elegir conexión. Más tarde, me di cuenta que pese al poder que tiene nuestra capacidad de elección en el mundo físico, su poder es mucho mayor en el nivel espiritual.

Los bebés y los niños pequeños son maestros cuando se trata de elegir conexión y unión. Si se trata de elegir, casi siempre escogen conectarse, y al hacerlo, se expresan con una cualidad de inocencia, que desde entonces he reconocido como una cualidad del alma. El alma es una cosa muy sencilla. Es como Dios se nos regala a sí mismo. Es un regalo de contemplación, conciencia, de la vida misma. Es la parte más pura de nosotros que le pertenece a Dios. Cuando estamos concientes del alma, tenemos conciencia de Dios y sabemos que le pertenecemos. Y nos regocijamos en ello. El alma conoce la experiencia de conexión. Cuando un niño viene a este mundo necesita la experiencia de pertenecer a una familia. Su alma conoce el gozo y el amor que nacen de la conexión con Dios. Por ello, busca recrear en la tierra esa misma conexión esencial. Un niño quiere ser aceptado y amado.

Hay una inocencia en la manera en que los niños pequeños se relacionan con su medio ambiente y en la que piden el amor que necesitan o como afirman su estado de pertenencia. A medida que los niños crecen frecuentemente pierden parte de esa inocencia. Los logros personales toman prioridad. Aprenden a negociar. Premios y castigo dejan su marca. El simple estado de ser, es remplazado por el imperativo de hacer, lograr y competir. El alma echa un paso hacia atrás a medida que estas otras cualidades de la mente, cuerpo y emociones se hacen valer. A menudo, a la edad de nueve o diez años—y ciertamente en la adolescencia—un niño se preocupa por las metas que sus padres tienen para él, y las que él tiene para sí mismo. Se preocupa de como dar la talla en comparación con sus hermanos y compañeros, lo que es y lo que no es aceptable para sus amigos, referente a logros escolares, expectativas de la sociedad y muchos otros factores.

La simplicidad e inocencia que es el alma son pronto subyugadas por las exigencias del mundo. Cuando tu padre te critica, es muy difícil recordar que eres un ser precioso y perfecto a los ojos de Dios. Cuando tus amigos piensan que eres un tonto por querer ir a acampar con tu familia, es difícil mantenerte conectado con la verdad adentro de ti o reconocer que tiene valor. Cuando tu madre se enoja y reprime su afecto manteniéndose alejada de ti, es muy difícil imaginar que sigues siendo una buena persona. En estas circunstancias, es casi imposible no llegar a creer que, si pudieras remodelar tus pensamientos y creencias, o tu cuerpo y sentimientos, para poder agradar a todas las personas importantes y poderosas que te rodean, lo harías. Así, estarías a salvo. Así, te sentirías pleno. Esa es la promesa que nuestras familias, nuestra cultura y el mundo nos hacen. Sin embargo, existe otra promesa.

Es la promesa espiritual que nos ha hecho Dios, que ya somos amados y valorados por quienes somos, no por lo que hacemos o decimos, no por nuestra apariencia personal, nuestro trabajo o el que estemos o no de acuerdo con aquellos a nuestro al rededor. La promesa espiritual es que todos somos herederos del Reino de Dios por ser hijos e hijas de Dios. Nuestras almas son el faro que nos guía hacia nuestro verdadero hogar, hacia ese lugar de protección celestial, sin importar qué tan difícil hagamos nuestra jornada.

Cuando yo era niño, tenía a mi mejor amigo con quien compartía muchas cosas. Él era un poco mayor y más grande que yo, pero en ocasiones, yo era más listo con lo que decía. Y, a veces—como lo hacen todos los pequeños—discutíamos por cualquier motivo. Yo decía algo que a él le molestaba y él me pegaba. Si yo le devolvía el golpe, él simplemente me *"mataba"* en términos infantiles (y ya sabes lo mucho que eso puede doler.) A veces, cuando me pegaba, de verdad que me molestaba y me dolía. En otras ocasiones, podía verlo desde una perspectiva diferente, en la que todo esto me resultaba muy divertido y me hacía reír. Mientras más me reía, más se enojaba él y más me pegaba. Y así, mientras más me reía, más me golpeaba, y mientras más me golpeaba, más cómico era y más me reía. Pero nunca me dolió.

A medida que me reía, me burlaba diciéndo: *"No creo que me puedas pegar lo suficiente como para hacerme daño"*.

Por supuesto que lo intentaba con más ganas hasta que yo decía: *"Espera a que mis padres vean estos moretones"* y él respondía: *"¿No les dirás nada verdad?* Pues sabía que su madre y la mía estaban en contacto. Yo le decía: *"Probablemente lo haré"* con lo que hacía que su enojo y sus golpes aumentaran y mi diversión llegara al delirio. Su frustración era enorme, hasta que eventualmente, reconoció que no podía pegarme lo suficientemente fuerte como para hacerme daño. Yo por mi lado, descubrí que él no me podía lastimarme, en tanto que no le diera importancia a lo que él hacía y mientras me mantuviera centrado dentro de mí. Lo que realmente estaba sucediendo—aunque entonces no podía explicarlo—era que estaba en contacto con esa parte más grande de mí que sabe que las cosas de este mundo no pueden dañarme. Estaba en contacto con algo mucho mayor que mi cuerpo físico, al cual estaban golpeando. Algo más grande que mi imaginación, que podía fantasear verme mal herido. Algo más grande que mis emociones, que podían haber sentido el odio y rechazo de mi mejor amigo. Y algo más grande que mi mente, que podía haber juzgado esa situación y mi vida como algo terrible. Estaba conectado con algo más allá de todo eso, ese algo que simplemente observaba el pleito de dos niños en su lucha de identidad y poder. Nada porque preocuparse. Nada por lo cual molestarse. Almas adquiriendo experiencia solamente. Eso es todo, aunque en aquel entonces no hubiera podido explicarlo. En ese tiempo, yo sólo sabía que aunque algunos sucesos en este mundo, supuestamente deberían perturbarme y hacerme infeliz, no era forzoso que fuera así. Descubrí que podía contemplar cualquier situación desde una perspectiva diferente y mantener una actitud de diversión.

Esta experiencia, ligeramente trascendente, fue a través de la risa una mini-experiencia de mi alma y de su poder, aunque yo ciertamente no tenía esa perspectiva cuando era niño. Lo que estaba descubriendo sin embargo, era que en cualquier momento que me pegara, yo tenía una elección inmediata. Podía experimentar dolor y sufrimiento y dejar que mi mente entretuviera pensamientos como: *"Él es mayor que yo. Eso es algo que no puedo cambiar. Siempre se va a aprovechar de mi. Esto duele. Esto es terrible"*. La otra elección, la que yo tomé, fue una de humor, de ver la realidad de que mi amigo no me hacía ningún daño, no sólo eso, sino que de hecho, era incapaz de lastimarme, a menos que yo le diera ese poder sobre mí. Este tipo de elección refleja la dualidad de la condición humana. Tenemos la habilidad de elegir, momento a momento, un punto de vista negativo o uno más positivo de elevación y reafirmación de la vida.

Positivo y negativo. Dos extremos. Dos polos de la batería. Cuando el polo positivo y el negativo están conectados generan energía. Generan una corriente. Yo creo que en los seres humanos, la proximidad y la relación de este tipo de polaridad, es lo que genera una cierta carga, una clase de tensión que nos impulsa hacia la vida y a través de todas nuestras experiencias.

¿Me reía cada vez que mi mejor amigo me pegaba? No, a veces respondía con furia y yo también lo golpeaba. A veces me sentía dolido o traicionado. Pero, a veces había una cierta presencia espontánea—algo para lo cual no tenía palabras—y que me protegía de cualquier ofensa y dolor por completo. Yo traía a mi mente el recuerdo de esa experiencia en momentos en que no encontraba esa presencia dentro de mí; era un punto de referencia que podía evocar en otros momentos. Quizás el hijo pródigo pudo haber recordado lo que era sentirse totalmente protegido y a salvo en el hogar paterno, cuando su fortuna en el mundo se acabó y vinieron tiempos difíciles. Es posible que haya podido mantenerse a salvo y protegido de todo dolor y ofensa, independientemente de las circunstancias externas, al recordar que dicho lugar ya existía dentro de él mismo.

¿CÚALES SON TUS PUNTOS DE REFERENCIA PARA ELEGIR UNIDAD *cuando experimentas separación? ¿En momentos de separación, qué te ayudó a buscar—a otro, o adentro de ti—para restaurar tu unidad? ¿Qué descubriste acerca de ti mismo?*

La inocencia es una cualidad del alma. Existe una inocencia cuando te abres al Espíritu, ya que suspendes tus dudas y escepticismo, permitiéndote la maravilla del "¿y qué, sí...?", que atrae nuevas experiencias y descubrimientos. Los niños se permiten evocar aventuras y exploraciones maravillosas con su imaginación. Tú lo puedes hacer también, al permitirte experimentar la libertad de la inocencia.

Si deseas experimentar la Trascendencia del Alma, permítete explorar "¿y qué, si...?, desde un lugar de inocencia y asombro. ¿Y que si, tienes el poder de elegir luz en vez de oscuridad? ¿Y que sí, tienes el poder de elegir conexión y unidad, por encima de separación y soledad? ¿De buscar las bendiciones en todo momento? ¿De amarte sin importar nada?

La próxima vez que la vida té presente retos, y te sientas aislado, separado, solo, molesto, resentido o herido, detente un momento y pregúntate: "¿Y qué si tengo otra elección?"

Permítete observar con los ojos de un niño. Observa como puedes utilizar tu experiencia negativa para alcanzar lo que realmente deseas—amor, comodidad, comprensión y pertenencia. Reconoce que aunque nadie más esté allí para darte esas cosas, tú puedes dártelas a ti mismo. Tú puedes alcanzar dentro de ti un lugar de amor y una actitud positiva, y puedes abrirte más a tu alma y a la plenitud que buscas.

A medida que practicas elegir lo positivo, estarás practicando la Trascendencia del Alma.

CAPÍTULO CUATRO

RECOBRANDO LA CORDURA, ENCONTRAN-DO NUEVOS SENTIDOS

CUATRO

La historia del hijo pródigo transcurre en forma rápida desde el momento de partir de su hogar hasta su decisión de retornar. Frecuentemente me he preguntado que tipo de experiencias debe haber vivido, antes de "retornar a la cordura" y decidir encontrar su camino de regreso al hogar. Ciertamente que ésta es tan sólo una parábola y como tal, es simplemente la esencia de la historia. ¿Cuánto le tomó retornar a la sensatez?

Ha habido muchos incidentes en mi vida en los que estuve muy cerca de la muerte física. Sufrí enfermedades, accidentes y toda clase de situaciones extrañas. Las catástrofes siempre parecían dispersarse antes de que algo sucediera, algo que sería lamentable. Simplemente me mantuve inhalando y exhalando a todo lo largo de esas situaciones. Sabía lo que estaba haciendo y por ello, respirar profundamente era primordial. Quizás el gran aprendizaje de aquella existencia, inmerso en el lodazal de la vida, seguía siendo, en algún nivel, parte de mi conocimiento. Quizás, sabía de manera intuitiva, que mi respiración era mi conexión con el Espíritu y con Dios.

En una ocasión, cuando era joven, sufrí un calambre muy fuerte mientras nadaba en un lago. Era tan intenso, que me era casi imposible mantenerme a flote y mucho menos nadar hasta la orilla. Me hundí y salí a flote cuatro o cinco veces. Hacia la quinta vez, pensé que podía ahogarme realmente. La intensidad de ese sentimiento y el deseo de vivir, hicieron que tomara una respiración tan profunda, que mi conciencia cambió como jamás lo había hecho. Interrumpí el calambre y empecé a deslizarme en el agua con tal dinamismo, que parecía que la playa se me hubiera acercado y me estuviera halando hacia ella. En ese momento descubrí que poseía una fuerza vital formidable, así como un deseo enorme de continuar viviendo. Fue una lección sumamente poderosa que nunca he olvidado y en la que tomé plena conciencia de lo sagrada que es la vida.

Posteriormente, aún siendo joven tuve dos intervenciones quirúrgicas serias. Recuerdo claramente cómo en ambas ocasiones, observé las operaciones desde un nivel totalmente diferente al nivel físico. En el nivel físico, estaba anestesiado e inconciente por completo; al mismo tiempo, pero en otro nivel, podía ver, escuchar y estar absolutamente conciente de lo que sucedía—aunque no con mis sentidos físicos. Durante mi primera cirugía, comprobé lo desapegado que estaba de los eventos físicos, aunque tenía plena conciencia de lo que sucedía. Más aún, ese estado de conciencia era perfectamente natural. Era la experiencia de una conciencia benevolente, neutral, llena de paz y amor. Era como tener la vivencia directa de una realidad mayor—una realidad mucho mayor que yo, que la vida y el Espíritu. Me sentí más vivo que nunca, mucho más que cuando casi me ahogué en aquel lago siendo niño. En ese momento, lo "sagrado de la vida" tomó un significado totalmente nuevo. De súbito, había *más* de lo que yo hubiera podido imaginar jamás. Más posibilidad de una conciencia mayor, más opciones, más fuerza y vitalidad. Percibí patrones de energía que me eran desconocidos hasta entonces. A veces, la energía parecía como el humo dentro de un vaso de cristal. A veces, era más brillante que eso, resplandeciente y viva. A veces había una luminosidad, un brillo, una especie de espacio, expansión y claridad. Era como si todo estuviera iluminado desde adentro. Y, a través de todo, había una sensación de paz— como si yo estuviera perfectamente protegido y a salvo. Sentía un tremendo gozo. Estaba experimentando una dicha como nunca imaginé. Me sentía más real que nunca. *Esta* era la realidad que yo siempre quise experimentar. *Esta* era la conciencia que yo quería tener. Una conciencia total y continuamente presente en todas las formas. *Este* era quien yo quería ser—concientemente—deseaba estar cien por ciento conciente. Era lo que anhelaba que fuese mi realidad permanente.

Durante todo el proceso, sabía que no estaba soñando, ya que las experiencias eran sumamente concretas, 'sólidas' y reales. Sabía exactamente lo que estaba sucediendo físicamente, pero ese no era mi único nivel de conocimiento. Había una cualidad de conciencia multidimensional: Por un lado, estaba conciente de mi cuerpo físico y de todo lo que le estaba sucediendo; por otro, estaba viviendo simultáneamente, en otro plano de existencia y en una realidad diferente. Descubrí la existencia de un escenario mucho más grande del que me era usual y normal. Sabía que si hubiera estado viviendo esa experiencia quirúrgica desde un punto de vista puramente físico, hubiera estado sintiendo miedo y ansiedad; habría estado preocupado y tratando de estar en control, y todo esto yo lo considero muy restrictivo. De hecho, lo que estaba experimentando era comprensión, esperanza, optimismo y amor, el cual incluía amor por mí, por los médicos y enfermeras, y por todos. Sentía una especie de expansión que me era totalmente desconocida. Era fantástico. Era maravilloso.

Aún después de haber salido de la anestesia, pensé que sería extraordinario poder tener este tipo de conciencia todo el tiempo. No sólo durante una emergencia, sino todo el tiempo. En lo más profundo de mi ser, supe que esta experiencia era lo más importante que jamás me había sucedido. El mantener ese amor y ese sentimiento de paz interior, sin importar lo que sucediera en el plano físico, me permitió saber que yo era capaz de sacrificar cualquier cosa en el mundo y de que así lo haría. Con tal de permanecer dentro de esa conciencia de amor, estaba dispuesto a dejar ir las exigencias de mi ego, junto con las demandas restringidas de mi personalidad, mis opiniones y puntos de vista. Mi deseo de mantenerme en ese estado de conciencia expansiva era tan fuerte, que estaba dispuesto a sacrificar cualquier cosa, si solo pudiera ser *eso* y conocer *eso* cada día. Valdría la pena lo que fuera con tal de tener ese amor y ese sentimiento de júbilo; con tal de estar en esa armonía completa y en esa unión interminable.

Estaba vislumbrando la promesa espiritual. Tomé plena conciencia de que el Espíritu y Dios me aman y de que estaba completamente a salvo, independientemente del resultado de la cirugía.

Una segunda intervención quirúrgica me dio la oportunidad de experimentar con mayor intensidad, la existencia de una realidad más elevada y de mayor dimensión. Mientras estaba bajo los efectos de la anestesia, inconciente desde el punto de vista físico, estuve muy conciente de que una gran Luz espiritual rodeaba tanto mi cuerpo físico como mi conciencia mayor. Así mismo, estaba conciente de una realidad y niveles de existencia muy diferentes. Me encontraba rodeado de seres de Luz (ángeles si prefieres). Fue una experiencia de intensa humildad saberme rodeado por estos bellísimos seres de Luz y por el Espíritu y del alcance de esta realidad mayor. ¿Por qué yo? ¿Por qué se me estaba permitiendo ver y experimentar esto? Desde mi limitada e imperfecta conciencia humana nada de esto tenía sentido. ¿Podría ser que tuviéramos acceso a una conciencia mayor, y entonces, esto si tendría sentido? Estaba dispuesto a creer en esa posibilidad. Me abrí a la inocencia. Y fue así como de pronto más ángeles y seres de Luz aparecieron rodeándome, y todas las cosas se tornaron nuevas para mí. Escuché gloriosos cantos de aleluya que venían de todos lados y percibí inmensas cargas de energía atravesando mi cuerpo; sentía un inmenso calor y un gozo incontenible. Sentí que una gran conciencia espiritual llegó a mí y me elevó hasta una conciencia mucho mayor que cualquier otra que yo hubiera expresado en mi nivel físico. Estaba dispuesto a que mi ego fuera sacrificado y poder descubrir mi ser verdadero, mi ser mayor, mi alma.

Más tarde comprobé, que este despertar y esta expansión hacia el Espíritu es la herencia de todas las almas. Cada alma, en su propio tiempo, despertará a un Espíritu más grande y volverá a su hogar.

Cuando terminó la cirugía, sentí enorme resistencia a despertar al mundo físico. Me gustaba mucho más lo que había experimentado en la otra dimensión. Allí había una gran promesa de gozo, de plenitud y de paz. Sin embargo, existe en cada alma la sabiduría para reconocer el camino correcto que ha de tomar en su jornada de regreso a su hogar, a Dios. Mi alma sabía que todavía tenía mucho más que aprender y que hacer en este plano físico llamado Tierra.

De modo que, me recuperé de las cirugías y seguí con mi vida; por un tiempo, todo era igual a como había sido anteriormente. Sin embargo, cuando tenía dificultades y retos en mi vida, tenía mayor éxito al centrarme en esa conciencia de paz y neutralidad que había experimentado durante las cirugías. Comencé a ver más consistentemente a través de los ojos del amor y la compasión. Esto hizo que fuera más fácil hacer las cosas de forma que apoyara lo que era mejor para todos, en lugar de lo que yo quería hacer desde mi propia perspectiva personal. Mi comportamiento cambió y me volví más comprensivo, amable y capaz de abrirme a otros puntos de vista, en vez de aferrarme a los míos. Empecé a escuchar a los demás con mayor empatía. La experiencia durante las cirugías de saber que todo "está en la Luz", así como la profunda vivencia de sentirme totalmente protegido y seguro, y la realización de la existencia de una conciencia superior, empezaron a manifestarse en mi mundo físico. Sin importar que estuviera sucediendo, yo podía apreciarlo como parte de una totalidad superior, como parte de un bien mayor y como parte del proceso de aprendizaje y de crecimiento. Empecé a considerar que estos cambios se debían, seguramente, a un cambio de conciencia, ya que mi comportamiento era muy diferente. De alguna forma, sentí que estaba recobrando la cordura.

La historia del hijo pródigo, dice:

"Y volviendo en sí, dijo: ¡Cuántos jornaleros en casa de mi padre tienen abundancia de pan, y yo aquí perezco de hambre! Me levantaré e iré a mi padre, y le diré: Padre, he pecado contra el cielo y contra ti. Ya no soy

digno de ser llamado tu hijo; hazme como a uno de tus jornaleros. Y levantándose, vino a su padre. Y cuando aún estaba lejos, lo vio su padre, y se llenó de misericordia, y corrió, y se echó sobre su cuello, y le besó".

Quizás, las experiencias que viví durante las operaciones quirúrgicas, precipitaron ese "recobrar la cordura". Ciertamente este proceso de regreso a la sensatez, tuvo momentos culminantes, pero en general, fue un proceso gradual. Sucedió momento a momento, día a día.

La historia del hijo pródigo relata el momento en el que se da cuenta que no tenía que vivir separado de su padre y de su familia, y que podía volver al hogar. Yo creo que al igual que para mí, su proceso de recobrar la cordura fue más gradual de lo que la historia cuenta. Y, quizás la parte más importante de la historia fue la compasión del padre por su hijo, porque es un ejemplo de como el espíritu de Dios se manifestó a través de este hombre. Es un ejemplo de la unidad del alma con Dios—individualizada como hijo, pero que sin embargo, es de la misma esencia del Padre.

¿HAS TENIDO ALGÚN MOMENTO en que algo te invitó a hacer uso de tu buen sentido para poder experimentar la vida en el contexto de un cuadro más amplio? ¿Cómo fue que esto cambió el sentido de ti mismo?

¿Has sido tocado profundamente por la bondad de alguna persona? ¿Qué fue lo que eso despertó en ti?

La bondad y la compasión son cualidades del alma, que puedes poner en practica en cualquier momento y en cualquier lugar. No necesitas ser rico. No necesitas ser inteligente. No necesitas tener todas las respuestas. La bondad y la compasión son como el de respirar aire fresco. Sabemos que respirar es un regalo universal de Dios, disponible a todos por igual. La bondad y la compasión son regalos que te puedes dar a ti mismo y a otros incondicionalmente.

Cuando estés triste o insatisfecho por algo que hayas hecho (o no hayas hecho), tienes la oportunidad perfecta para practicar la bondad y la compasión. Cuando te encuentres infeliz o molesto con lo que alguien más ha hecho (o no ha hecho), tienes otra oportunidad perfecta para practicar bondad y compasión.

Aquí tienes una forma de hacerlo: Cuando te sientas

molesto o irritado, haz una pausa y respira. Sólo respira. Gradualmente te harás presente. Enfócate en expandir tu conciencia hasta abarcar una mayor perspectiva de la que estás percibiendo. Esa es una forma de despertar tu compasión. Quizás podrías observar la situación desde el punto de vista de la otra persona. Piensa en como podría estar sintiéndose o por lo que podría estar pasando. Quizás puedas proyectar esa situación al futuro y preguntarte si aún tendrá importancia, como para preocuparte en cinco o diez años. Podrías ver si tu reacción viene de tu ego, y si tu ego es lo suficientemente importante como para arriesgar herirte a ti mismo o a alguien más. Podrías observar la situación impersonalmente, como si estuviera sucediéndole a otra persona. O, pretende que estás observando desde la cima de una montaña y estás completamente fuera de la situación.

Estas son unas formas muy sencillas que pueden ayudarte a expandir tu conciencia. Cuando hayas podido observar la situación desde una perspectiva más alta, es muy posible que empieces a sentir compasión para contigo y para con los demás.

Bondad es entonces, compasión puesta en acción. Bondad es ayudar a levantar a alguien cuando ha caído. Bondad es animar a alguien que esté atravesando por un momento difícil. Bondad, a veces puede ser sonreírle a alguien al pasar por su lado; o mantener la puerta abierta para que otro pase, aunque esto te quite unos segundos. Bondad es recoger algo que se le cayo a alguien; o darle un masaje en la espalda a alguien o devolver la llamada telefónica a alguien que te ama.

La bondad puede ser expresada de innumerables maneras y nunca faltan oportunidades para expresarla de manera creativa. La práctica de la bondad puede ser algo muy divertido, ya que a menudo toma a las personas por sorpresa. Verás como en segundos, la rigidez de un rostro se derrite y en su lugar aparece una sonrisa.

Si deseas practicar la Trascendencia del Alma, practica adoptar una perspectiva más alta y pon en práctica la bondad y la compasión.

CAPÍTULO CINCO

APRENDIENDO A SER EL ESTUDIANTE

CINCO

Un día, cuando todavía estaba en la universidad—antes de las cirugías y en ese nivel de mi despertar espiritual—asistí al seminario de un hombre que era pionero en lo que hoy llamamos método '*holístico*' de sanación, aunque no creo que la palabra '*holístico*' fuera parte de nuestro vocabulario en la década de los cincuenta. Como estudiante de psicología, estaba acostumbrado a escuchar muchas teorías, pero en muy pocas ocasiones podía verificar esa información, ya que básicamente, era información teórica. Aquel expositor, tenía capacitación en métodos tradicionales de curación psicosomáticos y poseía una fuerte base teórica. Sin embargo, tenía el convencimiento profundo de que, junto con el poder del Espíritu y de Dios, el cuerpo es capaz de curarse a sí mismo. En lugar de sólo repetir palabras de un libro, nos ofreció una exposición de su experiencia práctica. Nos enseñó guías prácticas para ponernos en mayor contacto con nuestro cuerpo, con nuestra conciencia interna y con nuestro verdadero ser. Aunque no habló sobre el alma de manera directa, si se refirió a la manera en que el Espíritu se manifiesta a través de lo físico.

Decía: "Si haces esto, aquello sucederá". Nos daba una dirección específica. Era empírica. Era clara. Yo lo puse en práctica. Cuando hacía 'eso' que él sugería, obtenía 'aquello' exacto como él decía. Estaba fascinado. Supe que había encontrado a alguien que podía enseñarme porque podía guiarme hacia nuevas experiencias, en vez de sólo brindarme teoría. La *experiencia* viva era lo que más me entusiasmaba en esa época de mi vida. En aquel entonces aún no sabía que 'adquirir experiencia' es la directiva primordial del alma en este planeta. Mi alma estaba llena de excitación y empezando a despertar. Anhelaba conocerse a sí misma y descubrir su origen y su hogar.

De manera que había encontrado un maestro, no un maestro espiritual en el sentido tradicional, sino un maestro que me podía ayudar a despertar mi espíritu, la parte más profunda de mí mismo. Hacía lo mejor que podía para mantener mi boca cerrada y escuchar lo que él tenía que decirme. Seguía su dirección y hacía todo lo que él decía. Durante mucho tiempo, hice lo mejor que pude, pero a la larga, empecé a sentir que no estaba avanzando como yo deseaba. Él abogaba por una total alineación interna con el Espíritu, dejándole ser la guía de nuestro camino para obtener lo mejor para nuestra vida. Al observar su vida, podía apreciar ese principio en acción, pero no podía hacerlo manifestarse en mi propia vida.

Un día, le pregunté a mi maestro por qué cuando yo estaba con él, las cosas fluían suavemente y mi vida iba bien, pero en cuanto me separaba de él empezaba a tener muchas dificultades personales. A lo que respondió: "Lo que creaste en el pasado regresa a ti". No entendí lo que significaba, pero en aquella época, entendía bien poco de lo que él decía. Con todo, cuando regresé a casa, escribí en un papel sus palabras y pensé mucho en ellas.

Algunas semanas después, le formulé la segunda parte de la pregunta: "¿Cuándo fue que cree todo eso que ahora regresa a mí?" A lo que respondió: "Antes de conocerme, antes de haber nacido en este planeta esta vez. Antes de eso. Y antes de eso, y antes de eso, y más allá de cualquier razonamiento". Apenas podía creer sus palabras. Su respuesta me estremeció de los pies a la cabeza. Podía sentir como si me hubiesen drenado toda mi sangre hasta el fondo del estómago y sentía como se me doblaban las piernas. En forma intencional, necesité extender y contraer mi pecho para poder respirar. Conocía la verdad de lo que me acababa de decir, aunque nunca antes lo había considerado. Sabía sus implicaciones. En un instante, reconocí de inmediato, que había vivido otras vidas; que había hecho elecciones erróneas y me había involucrado en ciertas acciones, sin haber tomado en cuenta sus consecuencias. La magnitud de lo que dijo—en ese momento—prácticamente vació mi mente. No recuerdo mucho de lo que sucedió entonces en el nivel físico. Estaba entumecido. No tenía preguntas. No tenía pensamientos. Salí de allí y me fui a casa.

De alguna manera, me sentía herido y traicionado por lo que me dijo. Me preguntaba cómo era posible que me dijera esas cosas. Yo lo amaba y confiaba en él, por lo que suponía que no debería de decirme nada que me perturbara o asustara. Sin embargo, pronto me di cuenta que yo estaba tratando de ejercer control sobre él, de la misma manera que trataba de controlar todo lo que pasaba en mi vida. Pude reconocer que él no había dicho nada para herirme; simplemente había expresado una verdad. Sentirme herido era una elección mía. Quizás, me sentí traicionado por mí mismo. Tal vez pude, en un segundo de sinceridad, darme cuenta como me había decepcionado mí mismo. Estas reflexiones fueron apareciendo muy lentamente durante algún tiempo.

Gradualmente, fui recapacitando sobre las palabras de mi maestro. Con un nuevo sentido de responsabilidad, puse bajo observación mi vida y mis acciones. Consideré lo que esta nueva perspectiva significaba para mí. Poco a poco, empecé a confrontarme a mí mismo con mi necesidad de cambiar y de aceptar la verdad. Cuestioné mi crecimiento espiritual y el reconocimiento de mi propia verdad y cuan dispuesto estaba a eliminar las posiciones tan familiares de mi ego. Sabía que muchas personas no lo entenderían. Estaba conciente de que, en contraste con mi comportamiento anterior de complacer a todo el mundo, ahora tendría que sostenerme en mi propia verdad. Esto significaba que no iba a poder darle gusto a muchas personas. Sabía que me sería difícil, pero también sabía que esa era mi única elección, si deseaba realmente dar el siguiente paso para mi progreso.

Pasado el tiempo, volví con mi maestro y le pregunté si podía hacerle una pregunta, pero me lo negó. Las lágrimas brotaron de mis ojos. No podía creer que estaba llorando. Yo nunca lloraba. No lloraba por nada. Pero la negativa de mi maestro lo logró. Esto me hizo sentir extremadamente incómodo, así que me alejé nuevamente.

Recurrí a otras personas e intenté otras actividades. Pero mi alma ya había sido tocada. Mi despertar espiritual estaba en marcha. Encontré que muchas personas discutían innumerables ideas, pero no había manera para comprobar su validez. Sabía que yo podía hablar tan bien como cualquiera; podía expresarme con elocuencia; tenía el vocabulario y el conocimiento intelectual para poder defender cualquier ideología, pero carecía de toda experiencia práctica. Así que en defensa de una posición indefendible, volví a recurrir a mi táctica de juzgar a los demás y a mí mismo por lo que percibí como mi carencia de valentía. Por supuesto que juzgue a mi maestro al tomar su respuesta como un rechazo personal. Mientras más trataba de modelarme a imagen de mi mundo externo para integrarme a él, caía y me encerraba en situaciones cada vez más bajas. El cambio era incesante. Las estaciones iban y venían. Los amigos se marchaban y otros nuevos venían. Los trabajos igualmente iban y venían. Nada perduraba. Mi desolación en tanto, se hacía más honda. En lo profundo, sentía el fuerte llamado de la promesa espiritual. Sentía que de alguna forma, yo pertenecía a una realidad mayor, y a una presencia que era perdurable.

Reflexioné en lo que había aprendiendo que debía hacer, para permitir que el Espíritu pudiera manifestarse en el mundo físico. Me pregunté que podía hacer para estar más en contacto con mi verdadero ser. Pensé en la espontaneidad, esos momentos en los cuales todo se conjuga de manera perfecta. Recordé aquellos momentos en los que había sentido profunda paz interior al expresar mi verdad, al comportarme de manera congruente con lo que creía y cuando estaba en lo mejor de mí. Los atletas llaman "la zona" a ese estado físico y mental, en el que todo es lo correcto y el éxito no puede ser negado.

Dicen que cuando están "en la zona", saben que su tiro a la canasta será perfecto, el portero esta cierto de para el balón, el corredor es veloz con menos esfuerzo que nunca antes. He escuchado a algunos atletas describir esa experiencia como "momentos del alma". Los estudiantes también conocen esta experiencia, cuando después de mucho esfuerzo para asimilar algún asunto académico, de pronto todo se vuelve claro y el entendimiento y la comprensión parecen fluir a través de todo su ser. Los científicos conocen esta vivencia también, cuando después de largos períodos de observación e innumerables experimentos, de pronto se revela la evidencia que comprueba su hipótesis y establecen una nueva teoría. Los niños lo experimentan cuando son completamente libres, espontáneos y desinhibidos. Basta mirar la gozosa espontaneidad de un niño, cuando juega feliz y contento con las ollas de su madre y las golpea para crear distintos ritmos, riéndose con su propia impetuosidad, al sentir la presencia del alma. Observa a un niño dormir tranquilo y en paz, y sin duda, podrás ver el alma.

Hice un repaso de mi vida y pude recrear aquellas experiencias en las que me sentí en "la zona" y las compare con aquellas en las que me sentí fuera por completo; bien podría decir que pertenecían a dos universos totalmente distintos. Traté de capturar la experiencia interna en que se crea el sentido de conexión, facilidad y fluidez, y donde todo sucede en tiempo perfecto, que es indicativo de estar en "la zona".

Amar parecía ser la clave. Recordé las peleas con mi mejor amigo de la infancia. Nuestro amor era mucho más profundo y perdurable que nuestros pleitos y también, era el amor lo que las hacía inofensivas. Pensé en los momentos de mi adolescencia en que sentía tanta vergüenza. Fue la unidad y el amor con mis amigos lo que generaba la risa y las bromas que trascendían a la vergüenza y la timidez. Recordé los momentos en que no estaba de acuerdo con mis padres y me encontraba enojado con ellos o molesto por que querían imponerme sus reglas y restricciones, era el amor lo que le daba un giro a la situación y podía entonces apreciar su genuina preocupación por mí.

Sin embargo, parecía que el amor se hacía más y más escaso conforme iba creciendo. Había mucho que no era amor. Pude experimentar a la gente luchando por obtener supremacía, compitiendo unos con otros para lograr un beneficio personal, y tomando lo que pudieran lo hubiesen ganado o no. Por un tiempo creí que al crecer eso era lo normal. Pensé que el amor y el cuidado eran experiencias de la infancia y que no tenían mayor valor en el mundo de los adultos.

Ciertamente que esto no me gustaba para nada. Prefería cuando había amor en mi mundo, en mi vida y en mis relaciones. Quería una vida en donde hubiera amor y apoyo mutuo, y relaciones llenas de bondad, buenos sentimientos y alegría. Sin embargo, me sentía enajenado e inmerso en un mundo sin amor. Gradualmente, empecé a moverme hacia la decisión de que no viviría en un mundo sin amor. Lo que no sabía entonces, es que el amor es probablemente el distintivo por excelencia del alma. El alma es esa chispa divina dentro de cada uno de nosotros que refleja la perfección del amor de Dios. En los momentos en que decidí vivir en un mundo de amor, estaba eligiendo a mi alma. Estaba eligiendo a Dios y al Espíritu; estaba eligiendo regresar a mi hogar y reclamar mi herencia espiritual.

Con el tiempo, aprendí que cuando yo veía las cualidades positivas de amor, alegría, paz y con compasión en mi y otros, estaba viendo el reflejo de las cualidades del alma. El alma no es una entidad separada, extraña o ajena a nuestra realidad física. El alma no es algo extraordinario. Yo creo que todos hemos experimentado nuestra alma en algún momento. Estoy seguro de que tú has sentido a tu alma, aún cuando no la hayas identificado como tal. Cuando todo lo que te rodea está en armonía, cuando eres feliz y estás en paz, y cuando existe amor en tu vida, es relativamente fácil reconocer la presencia del alma. Es natural que cuando no tenemos preocupaciones, ni hay confusión a nuestro alrededor, sea más fácil tener plena conciencia del alma. Por otro lado, la negatividad del mundo puede hacernos perder esa conciencia. ¿Cómo podemos mantener una conciencia de amor y paz, cuando alguien se te cierra al conducir con su automóvil, o acelera para quitarte el estacionamiento al que llegaste primero? ¿Qué pasa con esa actitud de amor y compasión cuando se pierden a los padres, a la pareja, a un hijo o hija, a un amigo? ¿Qué se puede hacer para mantener una conciencia de amor y de paz, en vez de caer en amargura y enojo? Es un verdadero reto. ¿Cuál es la relevancia del alma cuando repruebas una materia en el colegio, o cuando pierdes el trabajo? ¿Cuándo tu cónyuge te abandona, te roban tu dinero o te golpean?

Creo que la relevancia del alma, es el que permanece como un punto de referencia, que nos recuerda que existe algo mucho mayor que nuestro mundo material. Hay una realidad mayor que permanece como un punto de referencia de amor y paz, y permanece como una eterna elección de buscar una expresión y experiencia cada vez más elevadas. Permanece como un punto de referencia de que nuestro verdadero hogar reside más allá de este nivel de glamour e ilusiones. ¿Cuál es la relevancia de amar? Creo que la relevancia de amar, es que mantiene conciencia de nuestra alma, y con ello, también adquirimos una mayor conciencia de Dios y de nosotros como parte de Dios.

Tal parece que las experiencias negativas en nuestro mundo físico, hacen que muchos de nosotros perdamos la conciencia de nuestra alma y del Espíritu; perdemos el sentido de que somos una parte íntima de Dios. En medio del dolor, el enojo y las preocupaciones, es fácil olvidar. Con la lucha de sobrevivencia cotidiana y constante competencia en el mundo; con el esfuerzo incansable para lograr el éxito y el agobio de tener que proteger y cuidar no solo a nosotros mismos sino a nuestra familia, fácilmente olvidamos que le pertenecemos a Dios y que somos amados por Dios.

Estos pensamientos vinieron a mí con el pasar del tiempo y parecían fluir intuitivamente desde lo más profundo de mi ser. Recordé a mi maestro y lo que sentí con su rechazo. Pensé en mi dolor y mis sentimientos de rechazo y de separación. Me di cuenta de que, cuando no tenía control sobre las situaciones y cuando no podía tener las cosas que quería en el momento de quererlas, no significa necesariamente un rechazo. Alguna otra cosa podía estar sucediendo, algo de lo que no era del todo conciente, pero que bien pudiera ser para mi mayor beneficio. Quizás, estaba siendo amado y no rechazado. Así que volví nuevamente a mi maestro y empecé a observar más profundamente lo que era amar. ¿Qué era amar? ¿Sería decir lo que la gente quería escuchar, como yo lo había hecho tanto en el pasado? ¿Era amor el pretender que todo estaba bien aunque no fuera así? ¿Amar era permitir que yo u otras personas nos saliéramos con la nuestra al mentir? O ¿Amar sería entonces, hacer lo que se necesitaba hacer, decir la verdad que necesitaba decirse, viviendo desde un lugar de integridad? La respuesta no podía ser más obvia. No me gustaba necesariamente, pero eso no la hacía menos obvia.

Amar parecía sencillo, mientras más amoroso buscaba ser, más profundamente me llevaba. Pensaba mucho en mi infancia y mi familia, dado que ahí había recibido mucho amor. No todo era perfecto, pero teníamos mucha unión. Éramos una familia unida. Pensé en las peleas con mis amigos y mi hermano, y en como aún sentía una conexión con ellos, ya que más allá de las peleas estábamos juntos como amigos y hermanos. Mi padre no siempre me decía lo que yo quería escuchar. Mi madre no me permitía hacer todo lo que yo quería, sin embargo, nunca dudé de su amor y siempre experimenté una profunda conexión con ellos. ¿De dónde había sacado yo la noción de que, si las personas me amaban, me permitirían hacer todo lo que me viniera en gana? Probablemente era una idea de mi mente o de mi ego. No de mi alma.

Pensé en el Espíritu. Pensé en lo que mi maestro intentaba enseñarme: La experiencia de mi mismo como parte de un Espíritu mayor y no meramente como una colección de huesos, piel y pensamientos. Él estaba enseñando la integración en todos los aspectos del ser y la interrelación entre ellos, que aparecen como aspectos separados del ser humano. Lo que había puesto en práctica de sus enseñanzas, probó tener validez, aunque aún no había cubierto muchas áreas. Con el propósito de asistirme para estar más alineado con sus enseñanzas, recurrí a diversas fuentes de lectura espiritual—información sobre el Espíritu y la presencia del Espíritu en el hombre; leí también sobre sanación y sobre poderes superiores; en pocas palabras, sobre cualquier cosa que me pudiera dar una mejor comprensión del ser humano como un ser espiritual.

Para mi sorpresa, encontré historias del Espíritu y del alma en todas partes. Parecía ser una experiencia universal. Casi toda la mitología—historias relatadas de la civilización antigua, aún cuando todavía no existía el lenguaje escrito—hablaban de alguna manera sobre el Espíritu y el alma. Existen historias milagrosas de sanación, de transformaciones y de trascendencia. Leí mitos africanos sobre la creación, que decían que una vez que Dios hubo creado al hombre, suspiró y con ese aliento le dio al hombre parte de Sí mismo, y esa es el alma. Muchos de esos mitos son de culturas que consideramos muy distintas a la nuestra, sin embargo, son sumamente similares a la historia de la creación de la tradición judío-cristiana. La cultura de la India Oriental, en la que han florecido muchos de los más grandes místicos y maestros espirituales, se ha creído desde tiempo inmemorial, que la existencia de Dios está individualizada en cada persona y es hacia ese Dios interno al que todos los seres humanos anhelamos retornar. En todas partes del mundo hay hombres y mujeres que desean regresar al "hogar" para unirse con la Fuente. De aquí, la añoranza de la humanidad por todas las cosas espirituales. El Sintoísmo japonés habla del KA, el Espíritu que vive en cada persona. Los egipcios hablan del BA, que es casi lo mismo. La enseñanza de los chinos habla del TAO, una energía de armonía que significa la unión con una fuerza más allá del plano terrestre. La Biblia dice que Dios creó al hombre a Su imagen y semejanza. Estos relatos apoyan la idea de unidad y la creencia de que internamente, en cada hombre y en cada mujer, existe una chispa divina que llamamos alma. Comprobé que la enseñanza judío-cristiana, mi tradición original, en esencia tiene las mismas premisas básicas que la mayoría de esas otras creencias de las culturas que estudié, independiente de época o situación geográfica. Existe un Creador que ama y protege a la humanidad y da a cada individuo una parte de su misma esencia. Este

Creador es tan poderoso, que cuando un ser humano se pone en contacto con esa parte de sí mismo que es del Creador, es también poderoso en sus creaciones aquí en este mundo. Puede crear orden en su mundo y en su medio ambiente; puede poner en orden su cuerpo, su mente y sus emociones. Empecé a darme cuenta de la magnitud de las enseñanzas de mi maestro.

Ciertamente, desde el principio de los tiempos ha sido obvio que existe un algo en los hombres vivientes, que no está presente en los que no viven. Y cuando digo "hombres", hablo de toda la humanidad que incluye hombres, mujeres y niños. En el hombre viviente hay animación, sentido de vida; hay un espíritu que le da vida y la posibilidad de acción. Cuando ese algo ya no está presente, el individuo deja de existir en este plano. La humanidad, en forma sorprendente, comparte la idea de que existe un algo más allá del plano físico; que existe un Creador o algún tipo de Fuente. Por supuesto, lo que es ese principio y como se manifiesta, así como lo que hay en el "más allá", son temas sujetos a infinidad de interpretaciones y variaciones. Prácticamente no existe ningún acuerdo, más allá del conocimiento básico de Dios y del alma. Pero, considero que esta falta de acuerdo se debe solamente a lo variable que es la mente humana, ya que Dios es inmutable. Más allá de todas las diferencias, el concepto central es fundamentalmente el mismo. Este concepto sugiere claramente, que en todo el mundo y a través de todos los tiempos, hombres y mujeres han experimentado algo dentro de sí mismos; algo que es mucho más grande que la suma de todas sus experiencias en el mundo. Numerosas personas, a través del tiempo, han relatado sus vivencias de naturaleza trascendente diciendo con certeza que "hay algo más que está sucediendo".

Mientras más leía, más pensaba que todos, menos yo, sabían de la existencia del alma. William Wordsworth, en "Incinuaciones de Inmortalidad de Recuerdos de la Niñez"[1], escribió:

> Nuestro nacimiento no es más que un dormir y
>   olvidar;
> El Alma que asciende con nosotros, nuestra Estrella
>   de vida,
> En otro lugar su medio ambiente tenía,
> Y, llegó de lejos:
> No en olvido por entero,
> Y, no en completa desnudez,
> Pero arrastrando nubes de gloria venimos
> De Dios, quien es nuestro hogar:
> ¡El cielo miente sobre nosotros en nuestra infancia!

Oscar Wilde escribió en sus cartas: "El negar nuestras propias experiencias, no es más que poner una mentira en los labios de nuestra propia vida. No es otra cosa que la negación del Alma".

---

1 Nota del Traductor: Título Original en inglés "Intimations of Immortality from Recollections of Early Childhood".

Ralph Waldo Emerson en su ensayo*"The Oversoul"*[2], escribió: "Mira como el profundo pensamiento divino reduce siglos y milenios, y se hace presente a través de las edades. ¿Es la enseñanza de Cristo menos efectiva ahora que cuando su boca se abrió? El énfasis de hechos y personas en mi pensamiento, no tiene nada que ver con el tiempo. Y así siempre la escala del alma es una y la escala de los sentidos y del entendimiento es otra. Ante las revelaciones del alma, Tiempo, Espacio y Naturaleza se desvanecen".

Y, por supuesto, cuando William Shakespeare, escribió: "Esto sobre todo, como tu propio ser: Sé verdadero; deberás seguir, como la noche al día, el no ser falso con ningún hombre". El sólo podía estarse refiriendo al alma, al ser *verdadero*, que es la esencia del ser en el hombre.

De pronto, empecé a ver testimonios del alma en muchas de las cosas que leía. Encontré historias del alma, testimonios de como las personas experimentaban su alma, teorías académicas del alma, ideas de reencarnación y pensamientos sobre la probable evolución del alma. Estaba fascinado. Encontré que mi curiosidad estaba totalmente involucrada en esta búsqueda y sentí que el gozo que había sentido en mi niñez estaba renaciendo.

Un día, escuché a un maestro espiritual hablar sobre nuestra divinidad. ¡Divino! ¿Cómo podría creer semejante cosa? El primer maestro con el que había estudiado,

---

2 Nota del Traductor: Título sin traducir al Español.

me dijo que mis dificultades se debían a acciones del pasado. El aceptar esta verdad, me había hecho ser más conciente y cuidadoso de mis acciones. Con el tiempo, encontré un nuevo maestro espiritual que enseñaba que la esencia divinidad es la herencia de todos los hombres y mujeres. Esto no tenía ningún sentido para mí en ese entonces. ¿Cómo era posible ser divino en este cuerpo físico, lleno de dificultades, cometiendo toda clase de errores y sufriendo las consecuencias de acciones negativas cometidas eones atrás? Aunque estaba leyendo mucho sobre el alma y empezaba a inclinarme a aceptar dicho concepto, estaba todavía 'a gran distancia'. No podía entender como con mi experiencia de mi personalidad, mi ego y mis juicios, podía ser divino.

Decidí ir con mi primer maestro y le pregunté: "¿Soy divino?", a lo que me respondió: "¿Qué crees tú?". Me sentí aplastado. Yo sabía lo que yo pensaba de mi mismo. Yo pensaba que *no* era divino. No veía como semejante cosa podría ser posible. Regresé con el segundo maestro que afirmaba que él era divino y así mismo toda la humanidad, y le dije: "*Yo* no *soy* divino, y si tú dices que lo soy, estás en un error y por tanto tu tampoco puedes serlo". Él me preguntó: "¿Por qué crees que no eres divino?", a lo que le respondí: "Porque le pregunté a mi maestro". Y peguntó entonces: ¿Te dijo acaso que tu no eres divino? Yo dije: "No, no con esas palabras". Empecé a cuestionar esta respuesta, así que decidí volver con el otro maestro y le pregunté: ¿Puede ser divino un ser humano? El me contestó afirmativamente. Al escuchar sus palabras esta vez, sentí un rayo de esperanza, como si finalmente brillaran los rayos del sol después de eones de niebla. Hay un gran regocijo cuando el alma en nuestro interior escucha como reconocemos su divinidad en el nivel físico. Eso me estaba sucediendo en ese momento. Sentía un regocijo profundo dentro de mí, donde mi alma estaba despertando.

Sin embargo, siendo muy humano y muy mental, comencé a dudar. Negué esta vivencia de gozo y felicidad; esa excitación tan extrema que me tenía en júbilo. Empecé a analizar mi experiencia desde un punto de vista mental. No tenía el menor sentido. Me pregunté por qué estaba tan feliz al saber de la divinidad humana. No veía que tenía de especial. Me pregunté si mi maestro sabía de lo que estaba hablando. En mi duda, decidí que tenía que probar de una vez por todas, si había o no alguna verdad en esa idea de la divinidad. Así que, nuevamente me fui en busca del maestro que enseñaba sobre la divinidad y le dije: "He dejado a mi otro maestro y vengo ahora a ti". Él dijo: "Eres estúpido. Dudaste de tu maestro, así que ahora vienes a mí aunque tampoco me tienes confianza ya que nunca tuvimos juntos alguna experiencia en la que pudieras confiar. Lo que sucede es no tienes confianza en ti mismo por haber abandonado a tu primer maestro, en quien habías depositado toda tu confianza. Esto te impide confiar en ti. Si no puedes encontrar certeza dentro de ti, nunca tendrás certeza en mí o en cualquier otra persona. Vuelve a tu maestro. No dudes de él. Aprende todo lo que puedas de él y después ven a mí".

Me sentí rechazado. Si este maestro nuevo era divino y él lo sabía, yo me sentí como rechazado por Dios. Sentí humildad. Volví a mi anterior maestro y le dije: "¿Puedo volver a estudiar contigo?". Me dijo que no y me quedé perplejo. Sentí que no tenía ningún lugar a donde ir. Estaba consternado, furioso, lleno de palabras hirientes. Él se volvió a mí y dijo: "Eso no va a funcionar tampoco". En forma humilde le pregunté: "¿Por qué no puedo regresar?". A lo que respondió: "Porque ya has conocido a tu nuevo maestro. Él fue también mi maestro. Él te aceptará como su estudiante, cuando empieces a reconocer tu divinidad de la misma manera en que reconoces tu humanidad. Cuando estés abierto a aprender y cuando dejes de pensar que puedes controlar lo que sucede".

Comencé a ver porque estaba teniendo tanta dificultad. Era como una cortina que lentamente se levantaba para mostrar el escenario. Todavía no estaba del todo levantada, pero comenzaba a moverse. Yo estaba viendo un poco más de la verdad.

Empecé a estudiar con el nuevo maestro, a pesar de que aún no me había dado una aceptación explícita. Al principio fue incómodo ya que había una buena distancia emocional entre ambos. Nunca me dijo nada. Nunca me invitó a quedarme a charlar después de clase, como a veces lo hacía con otros estudiantes. Ni siquiera reconocía mi presencia en la clase. Yo estaba allí, pero me sentía como si estuviera afuera. Un día, me atreví y le dije: "¿Puedo hacerte una pregunta?" y me dijo que sí. Su reconocimiento me conmovió de tal manera que la pregunta se me olvidó. Él dijo: "Tonto". Pero me lo dijo con un amor tan grande, y al ser capaz de reconocer ese amor, ya no me importo para nada aquello de "tonto". Gracias a Dios que mi ego no se enganchó con su respuesta, pues así mi alma pudo sentir su amor. Estaba aprendiendo. No era un aprendizaje mental. Era mucho más sutil que eso. Era el aprendizaje del corazón y del alma. Había una chispa de amor semejante a la que había en mi familia. Un amor que trascendía el suceso del momento y creaba una sensación de unión, conexión y pertenencia. Tenía continuidad y un pequeño sentido de hogar.

Me volví más atrevido en mi exploración del Espíritu y del alma. Pensé, que si el alma es una chispa de Dios que forma parte de la humanidad, sería razonable pensar que esa parte humana que es Dios mismo, posee las cualidades del alma que son amor, paz y gozo; por tanto posee los atributos de Dios. Pero hay muchas personas, grupos y religiones que establecen que los atributos de Dios son diferentes. Algunos creen en un Dios colérico que busca venganza y retribución de los que lo desobedecen. Otros por el contrario, creen en un Dios que perdona y da libremente su amor y su gracia. Algunas religiones hablan de muchos dioses y le atribuyen a cada uno diferentes cualidades.

Mis pensamientos pasaron por todas esas ideas con todas sus implicaciones y posibilidades. Todo era maravillosamente confuso.

Para disminuir mi confusión, decidí mirar dentro de mi propia experiencia y dejar que me revelara lo que podría ser la verdad para mí. Utilicé mi curiosidad para explorar mis experiencias y descubrir lo más posible a partir de ellas. Me encantaba este reto. Ahora, cuando mi maestro me decía algo que me sacudía o estremecía y alteraba mis viejas creencias, le daba la bienvenida a lo que experimentaba. Decidí abrazar y hacer propias todas mis experiencias y me avoqué a aprender todo lo posible con cada una de ellas.

EL AMOR QUE DIOS TIENE PARA NOSOTROS, el profundo amor que se guarda celosamente para nosotros en
nuestras almas, podría revelársenos en formas que podrían
ser confusas al principio. ¿Te has sentido alguna vez igno-
rado o rechazado por alguien que te importaba, sólo para
descubrir un nivel más profundo de amor en ese aparente
desaire?

Maestros, poetas, artistas, filósofos y místicos a través de
los tiempos, han insinuado o descrito cualidades del alma.
¿Cómo has podido absorber estas ideas e integrarlas a tu
experiencia personal? ¿Con qué atributos del alma te rela-
cionas más?

Un aspecto clave de la Trascendencia del Alma es la
elección. La vida nos presenta innumerables oportunidades.
Elegir una respuesta diferente y observar los resultados son
elementos de nuestro aprendizaje. ¿Qué parte de ti está
abierta a aprender? ¿Qué parte de ti tiene la curiosidad
para explorar un territorio más allá de lo habitual? Puede
ser un gran reto sacrificar las posiciones de nuestro ego
y abrirnos a un momento de oportunidad, especialmente
cuando se requiere que suspendamos las creencias de toda
una vida. O, cuando debemos impedir que nuestro ego trate

de manipular lo que sucede, en su afán de salvaguardar nuestra comodidad emocional y nuestros juicios mentales. O, quizás el momento de oportunidad es el que sostiene un espejo, invitándonos a observar niveles más profundos de nuestra responsabilidad personal por lo que está sucediendo en nuestra vida.

Observa la oportunidad de cambiar cualquier actitud de aparente bondad, o de esa clase de arrogancia que dice: "yo sé lo que sucede". En su lugar, adopta una actitud abierta y receptiva, una postura de genuina humildad e inocencia. Mira si puedes acoger tu vulnerabilidad cuando no sabes lo que está sucediendo. Considera desafiarte a ti mismo para estar abierto en esos momentos de oportunidad en tu vida. Puede ser una gran aventura. Que tal si empiezas cada día con una actitud de utilizar todos sus eventos para aprender, crecer y elevarte.

Si conocieras más sobre la Trascendencia del Alma, estarías abierto a todos los maestros espirituales que lleguen a ti, ya sea que se presenten en forma de esposos, hijos, jefes, amigos o maestros formales del Espíritu. Dios utilizará a todos ellos y a muchos más, para enseñarte a través de la experiencia y para apoyarte a expandir la conciencia de tu alma. Cada persona en tu camino es potencialmente tu maestro. Todas las situaciones cotidianas te brindan la oportunidad de poner en práctica la paz, el amor y la alegría que son las cualidades de la esencia de tu alma. La mejor manera de obtener el mayor fruto de ese inmenso potencial de crecimiento, es mirar cada situación como una aventura divina que se despliega para ti en tu vida cotidiana.

Sí deseas conocer más la Trascendencia del Alma, elige vivir en concordancia con las cualidades del alma.

CAPÍTULO SEIS

VIAJANDO EN LOS MUNDOS INTERNOS

SEIS

Una noche recé para ser capaz de experimentar, con frecuencia y completamente, la conciencia que yo había vislumbrado en el momento de mis operaciones quirúrgicas. Esa noche, me vi saliendo de mi cuerpo de una manera más conciente y directa que como lo había hecho previamente. Podía ver mi cuerpo durmiendo en mi cama. Podía ver mi apartamento, la calle y otras cosas cercanas. No sólo podía ver las cosas físicas con mayor claridad y desde una perspectiva diferente, sino que también podía ver mis emociones y mis procesos mentales con más claridad, desapego y amor. Parecía que, al elevarme por encima del mundo físico, podía conocerlo más completamente; y se me hacía más fácil no juzgar lo que veía. Era magnífico. Durante mi oración, pedí que pudiera aumentar esta habilidad de mover mi conciencia, que pudiera dejar mi cuerpo con frecuencia y experimentar este profundo amor. El Espíritu respondió a mis oraciones, y yo comencé a practicar con seriedad.

Al principio, no lo hacía particularmente bien. Lograba salir de mi cuerpo; pero entonces, cuando trataba de regresar, mi cuerpo se ponía rígido y entumecido. Intentaba moverme pero no podía. A veces, era algo espantoso. Pero cuando me asustaba, pedía la presencia de los seres de Luz, de maestros y guías espirituales que pudieran ayudarme; y de esta manera, mi regreso dentro del cuerpo se suavizaba.

Yo quería conocer más acerca de los otros niveles de conciencia, después de haberle echado un pequeño vistazo a lo que ellos podían ser. Obviamente, el nivel físico era sólo una pequeña parte de lo que estaba disponible. Quería saber más sobre los otros niveles. Cuando conocí a los seres de Luz, quería saber de donde venían. ¿A qué nivel de conciencia ellos llamaban hogar? ¿Qué significado tenía para mí la existencia de esos niveles y dimensiones? ¿De qué se trataba todo esto?

Para poder aprender más y aumentar más mi conciencia, comencé la práctica diaria de lo que yo llamé "ejercicios espirituales". Al igual que un atleta que desarrolla su fuerza y habilidad física a través de la práctica y el entrenamiento diario, yo busqué desarrollar mi habilidad de viajar en las dimensiones no físicas, gracias a la práctica y la atención diaria. Compartiré contigo un poco de lo que experimenté, lo cual no sucedió inmediatamente o en una sola ocasión. He continuado esta práctica diaria de ejercicios espirituales—el viajar dentro de las dimensiones espirituales—durante muchos, muchos años, hasta ahora. Las experiencias nunca son exactamente iguales, aunque a menudo son similares. Muchos de los "lugares" me son muy familiares ahora, pero siempre hay nuevos lugares para descubrir y explorar. Por mi experiencia, puedo decir que las dimensiones del universo de Dios son infinitamente vastas. Realmente, nunca he encontrado un final, si es que existe alguno.

Empecé mi práctica simplemente poniéndole atención a mi respiración. A medida que permitía que mi respiración calmara y guiara mi conciencia a su propio ritmo, yo comenzaba a moverme fuera de las limitaciones físicas de mi cuerpo. Era como si cabalgara sobre mi respiración, moviendo mi conciencia hacia dentro y después hacia fuera de ella misma. En ese entonces, como ahora, es un proceso que tiende a ser gentil y silente para mi. Gradualmente, tomé conciencia de colores, texturas y sonidos que no eran de este plano físico. A medida que me movía más profundamente en esta conciencia, comencé a descubrir una inmensa paz dentro de mí, un profundo y pleno amor, y el gozo más puro que jamás me hubiera podido imaginar. En el momento en que empecé estas practicas espirituales, apenas tenía conciencia de que esas eran cualidades del alma: gozo, amor y paz.

A medida que me enfocaba más en mi respiración y permitía que mi conciencia flotara hacia afuera de este nivel físico, descubría que podía seguir a mi imaginación y a mi conciencia para que me guiaran hasta niveles más allá del físico. Conforme me alejaba de las preocupaciones de mi conciencia física, encontraba que mis percepciones aumentaban. Podía ver, muy claramente, lo que anteriormente había estado oscuro. En un instante, aparecían soluciones a las preocupaciones que habían sido problemas para mí. Muchas veces, lo que parecía un problema en el nivel físico, simplemente no era particularmente importante cuando se contemplaba desde una perspectiva más alta; entonces, la solución se hacía sumamente clara. Piensa en esto de la siguiente manera: cuando estabas en la escuela secundaria pudo haber sido una tortura tomar decisiones sobre el club al cual pertenecer o cuál equipo probar o con qué grupo estar involucrado. Pero cuando llegaste a la universidad y estabas encarando decisiones sobre tu carrera, trabajo, finanzas y quizás hasta de matrimonio, las decisiones que encaraste en la secundaria parecían insignificantes. Al mirar hacia atrás, te diste cuenta que pudiste haber tomado diferentes decisiones y que cualquiera hubiera sido la correcta. De alguna manera, esto es parecido a lo que sucede cuando contemplamos el mundo físico desde la perspectiva de una dimensión mas alta. Las respuestas parecen realmente fáciles, y muchas veces te das cuenta que cualquiera de las distintas opciones es la correcta. A medida que mi conciencia se expandía, encontraba a menudo que podía mirar hacia "abajo" y ver no sólo mi cuerpo físico relajado y a salvo en mi cuarto, sino que también podía ver distintos patrones de vida que estaban a mi disposición: experiencias, posibilidades y relaciones. Mi vida física parecía muy fácil desde esta perspectiva espiritual. No parecía siempre fácil, cuando la estaba viendo solo desde el nivel físico; pero desde una perspectiva más alta parecía muy simple.

Mientras más practicaba mis ejercicios espirituales, más comenzaba a cambiar mi vida en este plano físico. Ésta comenzó a reflejar algunas de las experiencias que tenía durante mis viajes. Me estaba volviendo más pacífico, incluso en el mundo físico, en el trabajo, con mis amigos y con mi familia. Todos los días veía acontecimientos en una luz enormemente diferente, por así decirlo. Cosas que anteriormente me parecían del azar o sin mucho significado, adquirieron un nuevo significado. Comencé a ver cómo muchas de mis experiencias diarias—aunque no parecían muchas en ese momento—estaban diseñadas para enseñarme valiosas lecciones. Estaban diseñadas como oportunidades para mi crecimiento y aprendizaje. Empecé a experimentar lo que podía significar vivir la vida en "la zona".

Y en cada nivel, había un conocimiento disponible para mí. Una de las cosas que aprendí fue que la libertad con la que yo podía viajar a través de las dimensiones, no estaba disponible necesariamente para todos los seres de Luz que vivían en las otras dimensiones. Por ejemplo, cuando yo estaba viajando en el plano de la imaginación (que en términos metafísicos a menudo se le llama nivel astral) a veces me encontraba con seres de Luz cuyo "hogar" estaba en el nivel astral; pero ellos no podían viajar a las dimensiones que están mas arriba del astral. Ellos podían ver y tocar en el nivel físico (que se encuentra debajo del nivel astral); pero no podían ir a mayor altura. Me pude percatar de esto porque—cuando tenía la intención y el foco—me movía del nivel astral a un nivel más alto, y de pronto, ellos parecían perder el sentido de mi presencia y no venían conmigo. Ellos no se movían de su campo. Inclusive, cuando yo regresaba al nivel astral ellos se encontraban exactamente en el lugar donde los había dejado. Cuando trataba de comunicarles algunas de las experiencias que estaba experimentando en los niveles más altos, no me entendían (de la misma manera que un niño no puede entender si tratas de explicarle cálculo de nivel universitario). Me di cuenta que esta tierra, la dimensión física, nos ofrece una gran oportunidad; porque comencé a entender que desde este nivel físico, tenemos acceso a muchos otros niveles de conciencia. A la vez, me di cuenta que este nivel es un trampolín hacia el nivel del alma, hacia nuestra fuente que es Dios, hacia nuestro verdadero hogar.

Desde el nivel astral yo veía que realmente mi vida podía ser bastante simple, con la actitud adecuada aquí en la Tierra. Eso podía ser tan sencillo como el aprendizaje y la expansión, manteniendo el foco de amor y Luz para mí y para todos. Podía ser tan sencillo como vivir y demostrar la sabiduría del corazón y hacerme cada vez más devoto de Dios, del Espíritu y de mi propia alma. Esto suena fácil. Y desde una perspectiva superior, es fácil. Inclusive, en el nivel físico es simple; aunque a veces no es tan fácil.

Sabía desde hacía mucho tiempo, que podía elegir el permitirle a mi mente que pensara cosas negativas o dirigirla a pensar cosas positivas. Sabía que podía pensar en una situación y proyectar miedo e imágenes negativas en ella; y que, de repente, todas las cosas horribles que había estado pensando iban a suceder. Y así mi experiencia se convertiría en algo negativo: yo me sentiría temeroso, disgustado, rabioso, y así sucesivamente. O también, podía tomar la misma situación y disciplinar mi mente para pensar en ella con un enfoque positivo, de manera que pudiese ver las oportunidades que me ofrecía. Entonces, podía ver el reto. Vería cuánto podía crecer, qué era lo bueno que podía sacar de esa situación, y de esa manera la experiencia se convertiría en algo positivo. Una misma experiencia, una elección diferente.

De la misma manera encontré que en mis viajes espirituales, podía elegir si quería ir a un lugar relativamente negativo, o al más alto y positivo lugar que pudiera descubrir. Esto era asombroso para mí. Realmente, podía hacer elecciones para determinar, o al menos influenciar, lo que yo quería que fuera mi experiencia. Las personas que estudian e investigan los sueños, han descubierto lo que ellos llaman el "sueño lúcido"; es decir, la habilidad que tiene la gente de controlar sus sueños. Esto era similar. Me mantuve eligiendo lo positivo, pues me hacia estar más feliz. Elegí expresiones positivas, que me permitían experimentar mi amor.

A veces, cuando practicaba mis ejercicios espirituales cotidianos, veía con mi imaginación (fuese real o no) a este planeta llamado Tierra. Lo veía como bañado por una luz verde esmeralda, profunda y nutriente. En ocasiones, parecía como si todo el planeta estuviera inhalando esa luz verde esmeralda, y podía ver la luz trayendo curación al planeta y a todos los seres físicos que lo habitan. Al mismo tiempo que veía la luz del planeta físico, yo me daba cuenta que escuchaba un sonido. Era un sonido parecido a un trueno, poderoso y profundo. A veces sonaba cerca. Otras veces sonaba lejos. Con frecuencia, sonaba como el latir del corazón; el latido del corazón de la tierra; o quizás, el mío propio. Al principio, me sorprendió que las dimensiones a través de las cuales yo estaba viajando revelaran no solo imágenes, sino también una suerte de *sonido propio*. Esta era una de las formas más características que encontré para identificar dónde me encontraba.

Encontré que estas dimensiones más altas reflejaban atributos que ya me eran familiares. De alguna manera, ya conocía el territorio. Lo que no conocía eran los detalles que iba a comenzar a descubrir. Conforme seguí haciendo mis ejercicios espirituales y mantenía mi intención de descubrir más la inmensidad de Dios, pude seguir la luz y el sonido más allá en mi conciencia. A veces, mi percepción del mundo físico se desvanecía, el sonido de truenos se alejaba, y empezaba a escuchar un nuevo sonido. En ocasiones, escuchaba un zumbido que me recordaba el sonido de la espuma del mar, como si miles de olas estuvieran llegando y liberaran su sonido hacia mí. Era encantador. Al mismo tiempo en que escuchaba ese sonido, comenzaba a ver nuevas formas resplandeciendo con la fuerza de una luz rosada. Las texturas de la luz y el sonido de este nuevo nivel, se convertían muy vivas dentro de mí. Sentía como si estuviese cabalgando sobre la luz y el sonido, al mismo tiempo que podía observar todo en ese nuevo nivel. Aquí, pude ver imágenes que parecían ser sueños de creaciones y esperanzas humanas no realizadas. Esta nueva dimensión parecía ser una tierra de la creatividad perdida; como si, durante eones, se hubiese llenado con materiales de la imaginación del hombre. Veía lo que parecían ser territorios sin fin, llenos con formas de energía flotante; una especie de área de contención para fuerzas de energía psíquica. Todo esto lo veía en un proceso de la imaginación; pero también, con un realismo y una profundidad que iba mucho más allá de la imaginación. Empecé a darme cuenta que había un lugar real que era la fuente de la imaginación del hombre; una dimensión exterior que correspondía al nivel interno que llamamos imaginación, el lugar de nuestras esperanzas y sueños. Y así, logré el entendimiento de cómo se forman nuestras imaginaciones.

El nivel astral es rico en imaginación, pero la imaginación no es positiva siempre. En el lado negativo, vi cómo la imaginación puede ser un bloqueo porque puede reflejar nuestros propios miedos e inseguridades. Los puede hacer más grandes y peores de lo que son en realidad. Cuando la usamos negativamente, la imaginación puede impedirnos alcanzar nuestros sueños, haciendo que nuestro miedo al fracaso sea más real que nuestro compromiso de lograr el éxito. Encontré lugares a los que apodé como "callejón de las pesadillas", porque parecían personificar todos mis miedos y les daban esencia a todos mis monstruos. En ocasiones, realmente parecían ser monstruos de verdad; figuras como gárgolas o figuras de fantasía, como enormes lagartijas, dragones deformes, y criaturas aladas destructivas. Si les daba poder, eran espantosos. Pero si me enfocaba más allá de ellos y creaba imágenes de paz, luz y amor, se disolvían. ¡Qué lección! ¡Y qué implicación para mis "monstruos" mentales y emocionales del mundo físico!

A medida que continué mis viajes en este nivel, descubrí que cuando mantenía un enfoque de seguridad, cuando no sucumbía a las pesadillas, cuando mantenía y sostenía imágenes positivas, los monstruos resultaban ser una ilusión, como un truco de luces y espejos. Estarían ahí, y luego se irían. ¿Has pensado alguna vez que algo malo va a suceder en tu vida—que te van a suspender en un examen; o que vas a decir alguna tontería durante tu presentación en el trabajo; o que vas a fallar los lanzamientos en el juego de basketball; y luego ves que apruebas el examen, que haces una presentación espectacular en tu oficina, y que en el juego logras anotar dos o quizás tres puntos? Eso es justo lo que sucede cuando los monstruos de este nivel se desvanecen frente a un enfoque e imaginación positivos. La amenaza está allí, el miedo está allí, el pánico está allí; y luego, no está, y tú lo atraviesas y sigues adelante con lo siguiente.

La disciplina del nivel astral consiste en nunca perder el enfoque positivo. Es una lección que se aplica igualmente bien en este nivel físico.

En lo más alto del nivel de la imaginación, descubrí un lugar que había escuchado que los metafísicos llaman *"Summerland"*.[3] Es un lugar de una brillante luz de sol y de mucha actividad. Aquí, la tibieza de un verano sin fin toca el corazón. Primero pensé que estaba en el cielo por ser tan perfecto y tener tanta paz. Algunos servicios de iglesias terminan con una bendición que dice: *"Que la paz de Dios que atraviesa toda comprensión, te rodee y permanezca siempre contigo"*. A menudo pensaba que *"Summerland"* era la manifestación o el reflejo de esa bendición. Es el lugar más dulce, protegido y hermoso. *"Summerland"* se parece a cualquiera de los lugares más exquisitos de la Tierra, como los Alpes Suizos, Hawai o Tahití. Es el retrato del ideal del mundo físico. Algunas almas, cuando encuentran este nivel, creen que es el cielo por su hermosura y perfección. Es la imagen viva de nuestras ideas y pensamientos sobre el cielo. Es el aspecto positivo de la imaginación.

---

3 Nota del Traductor: "Tierra de Verano".

A pesar de ser tan hermoso, no paré en *"Summerland"* durante mi travesía espiritual y la exploración de otras dimensiones. Como parte de mis ejercicios espirituales, hacía lo mejor que podía para mantenerme en armonía con la experiencia que estaba revelándose dentro de mí. Cuando me tomaba tiempo para poner mi atención en el Espíritu, oscurecía mi habitación (para que la luz exterior no me distrajera), utilizaba un antifaz y tapones de oídos y escuchaba dentro de mi tan profundamente como podía; entonces, comenzaba a escuchar un nuevo sonido, que parecía como si fluyera a través del sonido de las olas del mar (el sonido propio del nivel de la imaginación). Este nuevo sonido—de tintinear o repique de campanas—me llevaba aún más alto. De nuevo, sentí como si yo estaba cabalgando sobre la luz y el sonido hacia un nivel más alto. Para mí, las sensaciones eran totalmente diferentes a las del plano de la imaginación. Los colores que veía ahí eran muy diferentes también. Comencé a ver sombras de luz de color salmón y naranja brillante. Estaba conciente de que ahí había una mayor delicadeza. Este reino tampoco se parecía al mundo físico. Las imágenes familiares de la Tierra se habían desvanecido. Vi una especie de tejido, casi como una red, que parecía atrapar y mantener en suspensión a los sentimientos y las emociones. Comencé a darme cuenta que aquí la acción era de causa y efecto, más que la acción de la imaginación. Sentí la vibración de una energía kármica moviéndose hacia y a través de estos niveles. Veía mi propia vida, como una acción de equilibrar creaciones antiguas, tal como lo estipula la ley kármica.

Recordé lo que me dijo mi primer maestro: que las dificultades que yo tenía en mi vida, eran el resultado de lo que yo había creado en las vidas que tuve antes de conocerlo. Podía ver mis hilos de energía extendiéndose desde el pasado y hacia el futuro. Veía algunas cosas que necesitaba completar en mi vida. Comprendí que la necesidad de cumplir con la ley de causa y efecto lleva, en forma natural, a completar lo que hemos dejado sin terminar; y este proceso de completar lleva en forma natural a la unicidad; y la experiencia de unicidad lleva a la paz y al amor. Entendí que la ley de causa y efecto introduce una acción de equilibrio en la vida de todos. Veía, como si fuesen mareas, la prueba del flujo y reflujo del viaje de cada persona a través de la vida en un nivel emocional. Veía acciones kármicas de millones de existencias, suspendidas aquí para información, educación y práctica. No las vi como algo negativo, sino como ángeles en el portón, protegiendo a cada alma y dirigiéndonos a todos nosotros con la sabiduría del pasado—mi pasado, nuestro pasado—y con la sabiduría de los siglos.

Mis ojos se abrieron y pude comprender que el propósito de nuestras emociones es mantenernos en niveles inferiores, en tanto que no las usemos para alcanzar nuestra libertad. Veía que, cuando la emoción es negativa, se extiende hacia fuera para controlar, poseer o tener.

Esto restringe, esto ata, esto inhibe. Pude ver cómo todo esto se aplicaba a mi propia vida. Pude ver que, cuando intentaba conseguir algo en la vida—bien sea una relación en particular, o un trabajo o un objeto—ese deseo me restringía y me dejaba menos libre que antes. Pude ver que para muchos, la adquisición de *cosas* es algo primordial en sus vidas, pues consideran que ellas le traerán paz y felicidad; encontrándose cada vez más lejos de la felicidad y la paz que tanto anhelan. En un sentido positivo, las emociones son amor, cuidado y empatía. Esto permite a la gente sentirse conectada, desterrar la soledad y aumentar el sentido de comunidad y unicidad. Veía al amor como una clave para la libertad. Veía cómo, a medida que amaba cada una de las acciones, sin juzgar o preocuparme, creaba mi camino hacia la libertad. Veía que el alma era una maestra para aprender a aceptar y experimentar lo que sea que esté presente. Veía que el alma ejemplifica el más puro amor, porque no juzga ninguna elección y reconoce que existe un aprendizaje en cada elección.

Conocí seres increíblemente hermosos en este nivel, seres que ejemplifican la paz que nace de la pureza del amor. Veía seres que no tenían la mínima noción de lo que son las posesiones materiales y que viven su vida con la pureza de su amor y en total aceptación. Veía que cada acción debe ser balanceada con otra; no como castigo, sino como una parte integral del plan de Dios y la educación de cada alma individual. Los seres de Luz se me aparecían en formas muy similares a la forma física, solo que con un brillo tan radiante que pensaba me cegarían si estuviera mirando con mis ojos físicos. ¿Has visto como los ojos de una persona brillan cuando está enamorada o cuando se llena de emoción o cuando está a punto de recibir algo maravilloso? Visualiza a la persona más bella que hayas visto, la más perfecta, la más amorosa. Imagínatela a punto de recibir el regalo más fabuloso del mundo. Observa cómo resplandece con el amor, el gozo y la alegría. Mira la luz brillando en sus ojos. Ahora, imagina cómo sería un ser que irradie esa luminosidad a través de todo su cuerpo, a través de su corazón, de la punta de sus dedos, alrededor de su cabeza y a lo largo de su cuerpo. Piensa en eso y luego, piensa que todo aumenta cien veces. Aún no estás cerca, pero estás un poco más cerca. Y en ese nivel, más allá del brillo de las imágenes, existe una dulzura y una paz que es, de nuevo, cientos de veces o miles de veces mayor de lo que experimentamos aquí en la tierra. Piensa en la festividad más sagrada, en un tiempo que pasas con los seres más queridos de tu familia o amigos, donde tú sabes que eres amado y estás a salvo y valorado, no importa lo que suceda… Imagina unas velas encendidas, música suave y el aroma de tu comida favorita que está siendo preparada; todo tal cual como te gusta. Esto te está llevando un poco más cerca de la experiencia del nivel de las emociones. Cuando estás allí, piensas que podrías quedarte para siempre.

LA TIERRA PARECE SER COMO UN SALÓN DE CLASES, y cada persona (alma) viene a este nivel con lecciones muy específicas para aprender. Estas se basan en los resultados acumulativos de sus acciones pasadas. La naturaleza de un salón de clase es traer aprendizaje a las áreas que han permanecido en la ignorancia. La naturaleza de la ley de causa y efecto (karma) es traer balance y completar aquello que ha estado fuera de balance. El alma busca completar sus acciones, porque quiere experimentar la realización de su propia naturaleza: libertad, amor, gozo y compasión.

Cuando observas los patrones de tu vida, a través de la ley de causa y efecto, a menudo puedes identificar el aprendizaje. Si no puedes mantener un trabajo, en lugar de culpar a tus jefes, podrías preguntarte qué puedes aprender de esa situación. Quizás necesites aprender tolerancia, paciencia o cooperación. Quizás necesites aprender a ver una situación desde un punto de vista distinto al tuyo. Es posible que lo que estás equilibrando sean actitudes de control o actitudes de superioridad. Si peleas con tus seres amados, en lugar de culparlos, busca la lección que necesitas aprender y qué cosas podrías hacer de una forma diferente. Piensa cómo puedes traer paz y armonía a la relación. Pregúntate cuál es la conducta que necesitas cambiar.

Cuando te das cuenta que tu vida no se desarrolla accidentalmente o por azar, sino que tiene un sentido y un propósito, puedes empezar a buscar la causa del efecto. A medida que te haces más responsable de tus expresiones y de tu comportamiento, podrás elegir tus acciones con más cuidado. Quizás elijas paz, aunque pudieras haber expresado resistencia. Pudieras elegir bondad, en vez de elegir sarcasmo; o tolerancia en vez de elegir impaciencia. Cuando eliges esas cosas que son de naturaleza positiva, estás eligiendo a tu alma.

Si practicas la Trascendencia del Alma, busca cuál es tu elección en todas las situaciones que experimentes. Mira cuántas elecciones tienes a tu disposición. Mientras más elecciones puedas ver, mayor será tu libertad. Al practicar la Trascendencia del Alma, busca la manera de aumentar tu altitud.

¿Cómo puedes observar tu vida y tus elecciones más claramente?

¿Cómo puedes ver resultados positivos, ante una evidencia que parece negativa?

Al elegir la respuesta más amorosa a tu disposición, te pones en el camino de la Trascendencia del Alma.

CAPÍTULO SIETE

EL VALOR DE LA INTENCIÓN

En cada dimensión espiritual a la que he viajado, el crecimiento de mi conciencia ha estado acompañado de lecciones de gran valor para el nivel físico. Esto continúa siendo así hoy en día, y seguirá siendo así mientras continúe visitando todas esas dimensiones. Hay mucho que aprender en cada nivel. Estos niveles de conciencia están disponibles para cualquiera que se tome el tiempo y haga el esfuerzo de visitarlos. A su manera, no son nada especial ya que son la herencia natural de cada persona; aunque ciertamente son de un valor que va mucho más allá que todos los diamantes y el oro de este reino. Muchas tradiciones espirituales del Oriente enseñan sobre las dimensiones que están más allá del nivel físico. Muchos maestros orientales han hablado sobre sus viajes a estos reinos. Algunos maestros, quienes son capaces de manifestar objetos materiales supuestamente de la nada, son también maestros en estas otras dimensiones. Su maestría en los niveles más altos los capacita para hacer "milagros" aquí; porque, si bien las leyes del reino físico se aplican a este nivel, hay reinos más allá del mundo material donde nuestras leyes físicas no se aplican. Existen muchos maestros de meditación que han experimentado esos otros reinos y enseñan a sus estudiantes técnicas para viajar. Algunos solamente enseñan como viajar hasta cierto nivel. Otros enseñan cómo conectarse con el cuerpo astral o el "cuerpo" emocional. Otros, enseñan como lo hago yo ahora, técnicas para despertar al alma y utilizarla como el vehículo para viajar a través de estas otras dimensiones.

La experiencia continúa interminablemente hasta el infinito (tan lejos como pueda decir en este punto de mi vida) y siempre hay más que aprender. El amar puede ser siempre más profundo. La compasión puede ser siempre más grande. El hacernos más concientes de los patrones de imaginación y los patrones de emociones nos trae mayor entendimiento, empatía y claridad. Nunca he encontrado ninguna dimensión que sea estática. Todo es dinámico, en estado de cambio, de crecimiento y evolución. Los seres de Luz, los maestros y guías de otras dimensiones me han revelado mucha sabiduría. La comunicación allí es clara e irrefutable. En este nivel físico, en nuestra conciencia humana, usamos nuestras mentes para inventar preguntas. Dudamos de todas las cosas y discutimos sobre lo que se nos dice o se nos muestra. En el nivel espiritual, hay mucho menos de esta cualidad y lo que es revelado está simplemente ahí.

Míralo de esta manera: en el nivel físico, cuando ves una silla en la habitación raramente dudas de su existencia. Allí está. La ves. Lo sabes. En las dimensiones espirituales, lo que aquí nos parece sólo una idea se presenta como se presentaría una silla en este nivel físico. Simplemente, está. La verdad es evidente por sí misma. No hay lugar para cuestionamientos, dudas o algunos de los otros patrones tan comunes en la mente del hombre.

A medida que avanzaba en mis travesías espirituales, aquella luz de color salmón-naranja del nivel emocional se iba desvaneciendo y comencé a ver una viva luz azul clara, que me guiaba hacia un plano más alto. El sonido de campanas tintineando le dio paso a un nuevo tono, y comencé a escuchar lo que podría llamar un "canto del agua". El claro sonido del fluir del agua inundó mi conciencia. Podía sentirlo lavando y purificando mi conciencia profundamente. Tal parecía que estaba bebiendo del sonido y de la luz. Podía sentir que mi conciencia estaba asimilando toda esa claridad cristalina de este nivel; y me di cuenta que me encontraba en una dimensión muy alta de integridad y de pureza mental. Estaba rodeado de inteligencia pura, y vibraba a través de mí. De inmediato, me pude dar cuenta de cómo los procesos mentales pueden servirnos para alcanzar mayor libertad o para restringirnos. Veía cómo las personas podían crear obsesiones, compulsiones y desequilibrio mental. Y veía cómo podían crear ideas brillantes y nuevas, y concebir nuevas soluciones para su beneficio y el de los demás. Como en los otros niveles, vi que el proceso mental puede utilizarse de *manera positiva o negativa*.

En el nivel mental, existe pureza de pensamiento e ideas. Existe una sensación de infinita sabiduría, y una agudeza individual del pensamiento y de los sentidos.

Experimenté que mis juicios se disolvían en la energía de una neutralidad positiva. Así mismo, percibí que mi conciencia se hacía más rápida. Los seres que encontré en este nivel no tenían una forma tan definida como en los otros niveles. Pero yo estaba más afinado y con mayor capacidad para percibir las energías sutiles y la presencia de conciencias, aún cuando no estuviesen acompañadas por una forma.

En el nivel físico, estamos muy acostumbrados a no percibir la conciencia y la inteligencia, a menos que haya una "forma" que las acompañe. En otros niveles la conciencia *es;* así haya o no una "forma" que pudiésemos reconocer como forma. Puede sin embargo haber una forma, aunque no podamos percibirla con nuestros sentidos físicos. Mi habilidad de percibir se hizo más y más refinada. Aprendí a ver de una manera diferente, que se podría comparar con la intuición o la detección.

Me esfuerzo mucho por encontrar palabras adecuadas para describir esas experiencias, esos niveles y esos seres, porque el vocabulario de este nivel físico no les hace justicia. Simplemente, no tenemos palabras para transmitir adecuadamente niveles tan delicados, tan intrincados, tan sutilmente diseñados como esos. A través de este libro, hago lo mejor posible para darte una idea; pero solo cuando tú tengas experiencias similares sabrás lo que estoy tratando de decirte. Podría darte infinidad de detalles, pero siempre sería algo impreciso; entonces, podrías pensar en preguntas interminables. Tú puedes tomar este libro como si fuera un recetario de cocina. Yo te digo de la mejor manera que me sea posible, cuáles fueron los ingredientes que utilicé para hacer mi pastel. Y luego, tú puedes experimentar para ver si tu pastel puede hacerse con los mismos ingredientes, o si quieres cambiar un poco la receta.

Todos mis viajes hacia, a través de, o dentro de las más altas dimensiones, me tomaron un tiempo. Fue un proceso gradual. Siempre había nuevos descubrimientos, y siempre había mucha repetición también. Me recuerda cuando era niño y exploraba los senderos y el campo en las montañas cercanas a mi casa. Al principio, sólo me aventuraba por senderos conocidos. Cuando eso me era familiar, iba un poco más lejos. Cuando me era bien conocida una distancia mayor, me salía del camino para seguir a un ciervo, para encontrar un manantial o para ver una pradera. Esta nueva forma de viajar—viajando a través de los planos espirituales—era muy parecido a eso. Exploraba poco a poco, a veces me detenía a observar algo con más detalle, y a veces seguía adelante sin detenerme.

Descubrí que podía utilizar la energía, la vitalidad y la fuerza de mi ser físico para impulsar mis viajes a través de las dimensiones espirituales. Parece ser que una de las ventajas de tener un cuerpo físico es que éste nos permite tener una mayor libertad de movimiento a través de los planos.

La comunicación con los seres de Luz de otras dimensiones continúa siendo relevante, directa y apasionante.

En comparación con aquellos planos, las imágenes que utilizamos para comunicarnos aquí en la Tierra son muy limitadas y difíciles. Por ejemplo, si quiero mostrarle a un niño una imagen de la Tierra, necesito buscar un mapa, o una foto o, quizás, montar al niño en un avión. Si estuviera en otra dimensión y quisiera hablarle a alguien sobre la Tierra, la imagen simplemente estaría ahí: 100% disponible para mí, en forma instantánea y con tantos detalles como fuesen necesarios.

El aprendizaje en las dimensiones espirituales se vuelve una intensa experiencia personal. No hay nada abstracto en ello. Lo que aprendes te sucede. De hecho, es igual que aquí en la Tierra; sólo que, a menudo tratamos de hacerlo tan abstracto que perdemos la perspectiva. Por ejemplo, si tienes una serie de accidentes de auto durante corto tiempo, es muy probable que haya una lección para ti en ello. Si persistes en pensar en lo accidentes de auto como un asunto aparte, como incidentes sin ninguna relación, o que son la culpa de otros, o que no tienen nada que ver contigo, haces que tu experiencia sea abstracta y pierdes la lección. Existen muchos libros ahora sobre la relación entre la mente, el cuerpo y el espíritu, y todos ellos intentan demostrarnos cómo nuestras experiencias son nuestro salón de clases. Este concepto es todavía ridiculizado por muchos en nuestra sociedad, pero eso no lo hace menos cierto.

Al saber que las lecciones están disponibles en cualquier parte mientras estoy viajando a través de las dimensiones espirituales, si me encontraba con algún ser o algún lugar que parecía hostil, negativo, perturbador o potencialmente dañino, seguía adelante. Mi método para seguir adelante consistía en recordar concientemente mi *intención* de sólo participar en lo que es amoroso y lo que sirve para una mutua elevación; pedir la presencia y protección del Dios supremo y de todos Sus representantes; enfocarme en la Luz más pura disponible para mi; y utilizar la vitalidad de mi cuerpo físico para elevarme más alto.

Las experiencias que he tenido en estos planos espirituales de Luz, son trascendentes, no de este mundo y magníficas, más allá de mi facultad para describirlas.

A MEDIDA QUE LEES EL RELATO DE JOHN-ROGER, *¿has sentido o experimentando un despertar interior? ¿Puedes percibir un leve interés (o más) en estas ideas sobre el alma y la Trascendencia del Alma? ¿Te sientes, como queriendo alcanzar más? Si es así, podrías considerar que tu alma está reconociéndose a sí misma, a su experiencia y algo de su travesía. Podrías estar "llegando a tus sentidos" y sintiendo el deseo de encaminar tus pisadas hacia tu hogar.*

La Trascendencia del Alma es un camino sencillo. No hay nada extraordinario que necesites hacer. Simplemente, abre tu conciencia a todo lo que te rodea y todo lo que está dentro de ti y sigue al amor.

Abre tu conciencia al movimiento de tu alma, dentro de ti. Quizás sientas la necesidad de encontrar momentos de quietud, para poder escuchar al Espíritu. Tal vez te encuentres sintiendo momentos de paz tan profundos que experimentas la divinidad.

Podrías encontrar que aparece el gozo espontáneamente, desde un lugar tan profundo que te maravillas de su presencia. Podrías encontrarte a ti mismo, literalmente viendo destellos de Luz fluyendo a través de tu visión externa o interna; o escuchando sonidos y tonos sutiles de los planos más altos, a medida que tu conciencia se mueve de allá para acá.

Podrías decidir comenzar un diario donde registrar para ti mismo las experiencias que estás teniendo sobre la Trascendencia del Alma y para animarte en tu viaje hacia el hogar.

Si decides seguir el camino de la Trascendencia del Alma que te llevará a casa, haz que tu intención sea formar parte solo de aquello que es amoroso. Pide ser dirigido y guiado en tu intención.

CAPÍTULO OCHO

MI REINO POR UN CABALLO

Un recuerdo lejano que tengo es el de una existencia, hace mucho tiempo, cuando estaba en lo que podría llamarse un camino espiritual y afirmaba que estaba aprendiendo las formas del Espíritu; pero a la vez, estaba muy atado al mundo, a mi ego y a la búsqueda de reconocimiento. En esa existencia, era discípulo de un magnífico maestro, un gurú de gran renombre. Yo le amaba con todo mi corazón y veía su magnificencia, pero aún no podía ver que mi ego me impedía vivir la vida espiritual que él profesaba. En ese tiempo, yo vivía en un ashram (una comunidad de devotos o discípulos del maestro) y me había convertido en una persona importante en la administración del ashram. Todas las personas que estudiaban con este maestro me conocían y sabían que yo era la persona más cercana a él. Era una posición importante, y no sólo me sentía orgulloso con ese reconocimiento, sino que yo mismo lo fomentaba. Me gustaba. Esto mantenía satisfecho a mi ego; pero no le servía de mucho al Espíritu dentro de mí. Al terminar el trabajo del día en el ashram, cuando meditaba y trataba de ir más allá de las fronteras de mi ser físico y estar en comunión con un Espíritu mayor, me sentía abandonado y vacío. Mis meditaciones estaban secas. No había una visión espiritual.

Así que, un día le pregunté a mi maestro: "¿Por qué no te veo?"; refiriéndome a que no lo veía en mis meditaciones, en mi visión interior o conciencia. Él respondió: "Tú me ves. Tú me ves todos los días". Yo le dije: "Estoy de acuerdo que tengo acceso a ti físicamente y que sí te veo todos los días. Te puedo preguntar cualquier cosa. Eres cortés y me das siempre tu atención. Pero cuando no estoy contigo físicamente, no te veo y entonces me siento vacío". Y él me dijo: "Pero, eso es lo que tú has querido. Has querido el reconocimiento del cuerpo físico, y de esta manera has dejado el otro".

Me dolió reconocer que, al buscar el reconocimiento del cuerpo físico—el mío propio y el del maestro—me estaba negando una experiencia más grande con el Espíritu. Había escuchado las enseñanzas de mi gurú por muchos años. Le había escuchado hablar de Dios y del gran Espíritu que Dios le envía al hombre como un consuelo en su viaje de regreso a la Fuente suprema de todos, al verdadero hogar del alma. Le había escuchado decir que el alma del hombre es como una chispa de Dios, colocada a salvo y en lo profundo de él, para guiarlo hacia el hogar. Se deduce que, si el alma es de Dios, entonces todas las almas comparten una unidad, y esa unidad es nuestra conexión y comunión. Pero yo estaba tan envuelto en los aspectos físicos de mi trabajo, que no había pensado profundamente en las enseñanzas. Así que, no me había dado cuenta que mi necesidad de reconocimiento en mi mundo me bloqueaba completamente la posibilidad de conocer al Espíritu. El alma no busca reconocimiento. El alma se conoce a sí misma y a Dios. No necesita honor o reconocimiento aquí en el mundo. El alma es simple y pura. Cada vez que yo exigía reconocimiento, me apartaba de la conciencia del alma. Comencé a darme cuenta que había pasado por alto este factor. Aunque decía que quería conocer a Dios plenamente, no me comportaba como si eso fuera verdad. Yo era sólo 'palabras vacías', sin ningún contenido. Con mi falso comportamiento me había negado a mí mismo.

Poco tiempo después, mi maestro me mandó a hacer un recado. En ese tiempo no había medios de transportes a motor, no habían autos o trenes, y mucho menos aviones. En ese tiempo, los viajes se hacían caballo. Mi maestro me envió a un país lejano a comprar caballos para él y para la gente de su ashram. Era una misión de gran responsabilidad. Él mismo hacía ese tipo de viaje en el pasado. Era un gran honor el ser comisionado para salir a hacer negocios en su nombre. Sentí que me consideraba fiel, digno de confianza, un discípulo respetable. Me sentí sumamente halagado. Mi ego—esa parte de mí que estimulaba mi trabajo en este mundo—estaba inflado con la importancia de mi nueva posición. Estaba muy alegre porque había sido elegido por mi maestro.

Lo que no sabía era que la decisión de mi maestro no tenía nada que ver con ninguna de esas consideraciones.

No significaba que yo fuera buen discípulo o estudiante, o que fuese especialmente confiable. Lo que realmente quería decir era que mi maestro estaba respondiendo a mi petición, apenas articulada, de conocer mi alma en forma más profunda, de conocer nuestra unidad más completamente; y que me estaba enviando lejos de él para que yo pudiese aprender estas cosas.

Pero yo ignoraba sus motivos. Así que, con una sensación de gran importancia, partí en ese viaje que duraría varios años. Contaba con un cortejo grande, como correspondía al representante de un gran gurú o maestro. Llevábamos suficientes provisiones, tiendas de campaña, animales, cocineros, etc. Muy pocos días después de nuestra partida, sentí que necesitaba aclarar una duda con mi maestro. Era una cuestión importante, así que medité seriamente sobre ella. Después de considerarlo mucho, decidí que necesitaba la respuesta del maestro. Sin embargo, como no estaba seguro de poder recibir respuestas espirituales internamente y sólo podía hacerlo físicamente, decidí que debería volver al ashram y aclarar mis dudas con el maestro.

Ordené que la comitiva se detuviera y que construyeran un campamento. Tomé el caballo más veloz y partí de inmediato; cabalgué toda la noche por el desierto sin descanso alguno. Al siguiente día, estaba exhausto al llegar al ashram. Mi caballo estaba también exhausto. Me senté a los pies de mi maestro y recibí su bondadosa atención y la respuesta a mi pregunta. De inmediato, partí de regreso al campamento. Con un nuevo caballo, cabalgué a toda velocidad por el desierto durante toda la noche. Quería llegar al campamento lo más pronto posible, para poder guiar a mi grupo en nuestra marcha.

No pasaron muchos días antes de sentir nuevas dudas y la necesidad de consultarlas con mi maestro. Estábamos bastante más lejos del ashram pero sentí que debía regresar, no sólo para obtener la respuesta a mi pregunta, sino para poder estar con mi maestro por un corto tiempo, pues extrañaba mucho mi contacto directo con él. Estaba empezando a sospechar cuál era la verdadera razón de esta separación y no me sentía muy seguro de que podría soportarla un año o más, que era lo que iba a durar este viaje. Nuevamente ordené que levantaran un campamento, y abandonando a mi gente, galopé de nuevo con el caballo más veloz, toda la noche por el desierto. Cuando llegué al ashram, caí casi inconciente a los pies de mi maestro. Algunos estudiantes me elogiaron por mi devoción a nuestro gurú. Una vez más, recibí su bondadosa atención y respuesta a mis preguntas. Al otro día, cabalgué a toda velocidad de regreso al campamento y reanudamos nuestro viaje.

De nuevo, una semana después, cabalgué de regreso al ashram para estar con mi maestro. Para ese entonces la distancia era tan grande, que llegué en un serio estado de agotamiento. Le dije a mi maestro: "No puedo regresar".

Él llamó a otros estudiantes y les dijo: "Pónganlo en una camilla y llévenlo de regreso. Él tiene una tarea que cumplir y no la puede abandonar". Yo intenté convencerlo, diciendo: "Pero, estoy enfermo". Entonces, él me dijo: "Para cuando llegues al campamento, ya te habrás recuperado lo suficiente para asumir tu responsabilidad nuevamente". Yo sabía que si regresaba, tendría que completar el viaje sin ver a mi maestro de nuevo hasta que lo terminara. Estaba desolado. No sabía cómo podría sobrevivir tal separación. Me pusieron en una camilla y comenzamos el trayecto de regreso al lugar donde había dejado el último campamento. Estuve pensando que podría escabullirme en la mitad de la noche y cabalgar de regreso al ashram. Pero sabía que no podría. Sabía que no sería bienvenido otra vez, hasta tanto no completara mi misión.

Las personas que me llevaban de regreso al campamento me preguntaron: "¿Por qué hiciste esto? ¿Por qué maltrataste tanto tu cuerpo al punto que ahora nosotros tenemos que cuidar de ti?" Yo les dije: "Hice esto por devoción a mi maestro". Eso no era verdad. Todavía no había caído en cuenta de la verdad. Comencé a darme cuenta que, simplemente, tenía miedo del vacío interior que sentía cuando no estaba físicamente ante la presencia de mi maestro. Comencé a reconocer que sería devoto de mi maestro, cuando fuese devoto de mí mismo y cuando manejase mis niveles de responsabilidad. Comencé a recapacitar sobre lo que él me había enseñado sobre el

Espíritu, el alma y la unicidad. Empecé a darme cuenta que, si él era omnipresente como decía que era, podía estar en el ashram y también en el campamento conmigo. La verdad es que yo no había tenido esa experiencia todavía, pero ya estaba abierto a esa posibilidad. Es verdad, mi despertar nació de la desesperación. Pero la razón del despertar apenas importa. El hecho es que yo estaba despertando a algo que no conocía anteriormente.

Me di cuenta que mi maestro me había enviado a este viaje, como un acto de devoción hacia mí. El se había dedicado a enseñarme sobre el Espíritu, y había asegurado que lo haría. Cuando me di cuenta que el viaje era mi lección, lo adopté lo mejor que pude. Cuando llegué a mi destino, yo era lo suficientemente humilde como para hacer la negociación sin fanfarronerías, y comprar los caballos que se necesitaban. Lo hice todo de manera anónima. Dije que estaba representando a alguien que necesitaba buenos caballos. Logré buenos acuerdos y obtuve buenos precios para los caballos. Si los vendedores hubieran sabido que eran para mi maestro, habrían podido pedir precios más altos, ya que él era muy conocido. Al comenzar el viaje de regreso, me acordé que había omitido el nombre de mi maestro, no como una especie de treta o herramienta de negocio, sino que sencillamente no se me ocurrió utilizarlo. Después, me pregunté si había cometido una falta, por no haber cerrado la transacción en su nombre.

Fue justo en ese momento, cuando mi maestro se me apareció internamente, en su radiante forma espiritual. Estaba atemorizado. Nunca había experimentado una cosa semejante. Podía sentir su presencia. Era magnífica. Podía ver su Luz. Podía sentir su amor. Sentí su Espíritu, no sólo dentro de mí, sino a alrededor de mí. Parecía estar en los árboles, en las rocas y en el aire mismo. Veía su Espíritu en todas las personas que me rodeaban, en los animales y en la tierra. Estaba en todas partes. Sabía que yo era parte de él, así como él era parte de mí. Sabía que él era parte de lo que podríamos llamar Dios; y desde entonces él y yo somos uno, por lo que yo también debo ser parte de Dios. Fue una experiencia de mi alma, que elevó mi conciencia más allá del mundo y las preocupaciones del ego. Me di cuenta que en el pasado, cuando acosaba al maestro con mis preguntas, éstas habían sido preguntas del ego. Era mi ego diciendo: "Reconóceme; permíteme saber que sabes que estoy aquí". Y en todo momento, estuvimos juntos en la grandiosa realidad del alma. Pero cuando yo estaba en mis pensamientos, había separación, no había nada.

Esa primera experiencia me transformó. Tuve muchas más. Mi conciencia interior de la presencia del Espíritu y de mi maestro, crecía diariamente. Estaba despertando a mi alma, y a Dios como la fuente de mi alma. Me volví más alegre, más pacífico y más amoroso. Cada día se convertía en una aventura interior.

El viaje de regreso al ashram tomó alrededor de dos años. Durante ese tiempo, descubrí que la gracia del maestro era suficiente para mantenerme en la conciencia de mi alma, de Dios y de su forma espiritual. No necesitaba nada más. Estaba satisfecho. Entré en un estado de paz. Sabía que Dios estaba presente dentro de mí, al igual que dentro de todos los otros seres y formas sobre la Tierra; y conocí la unicidad. Yo estaba feliz. Podía dormir solo en el medio de un desierto. Podía dormirme sobre un caballo. Podía dormir entre cientos de otras personas. Nada de eso importaba. Yo estaba conmigo mismo. Yo estaba con mi maestro espiritual y estaba con Dios.

Algunas de las personas que venían en el viaje empezaron a tomar ventaja de mi nuevo estado de paz. Como ya no trataba de controlarlos, ni de sentirme más importante que ellos, trataron de subestimarme. Eso no era divertido; pero me di cuenta que ellos estaban creando separación con sus egos. Anteriormente, era mi ego el que buscaba reconocimiento y necesitaba sentirse más grande que los demás; esto creaba un estado de separación. Ahora, estos compañeros de viaje buscaban hacerse más importantes que yo, lo cual también creaba separación. Yo sabía esto. Sabía que la separación era falsa e innecesaria; pero lo permití porque recientemente yo había estado jugando ese juego. Una parte de mi pensaba en ajustar cuentas cuando regresáramos al ashram. Pero me di cuenta que cuando estuviera nuevamente en la presencia de mi maestro, no haría otra cosa que servir al más alto bien. Y esto, ciertamente no incluye el ajuste de cuentas.

El viaje de regreso a casa no fue nada fácil. Hubo muchos momentos difíciles; momentos en que la gente estaba disgustada, los animales estaban enfermos y momentos en los que yo sentía que todo terminaría en un desastre. A veces, dudaba de mi mismo. Dudaba de mi habilidad de guiar al grupo de regreso a casa y de completar el viaje. Durante este tiempo, simplemente hice lo mejor para seguir adelante, progresando cada día y manejando, de la mejor manera, los retos cotidianos conforme se presentaban.

Cuando finalmente visualizamos el ashram a lo lejos, después de muchos meses, hubo un gran regocijo en el grupo. Había una gran alegría porque el viaje había terminado y estábamos en casa. Algunos no pudieron esperar y se lanzaron en los caballos que habíamos comprado, para mostrárselos al maestro de inmediato. Yo por el contrario, me fui a mi pequeño reservado dentro del campamento, para asearme y preparar el reporte de nuestro viaje para mi maestro.

Al poco rato, mientras estaba trabajando, llegó mi maestro. Yo me sorprendí muchísimo y le dije: "Estaba preparando el informe para llevártelo; ¿por qué viniste a mí?" Él dijo: "Nunca antes me habías dado la oportunidad de venir a ti. Siempre venías a mí primero. A menudo, he querido venir aquí para estar contigo, para hablar contigo y comer contigo. Pero, antes no me lo permitías, porque siempre tú has venido a mí". Me di cuenta que me estaba diciendo que yo siempre dejaba mi "hogar"—mi centro, mi alma—para ir a otro lugar fuera de mi, en busca de realización, tratando de ser algo que yo no era. Y, entonces me dijo: "Hasta tu esposa y tus hijos han sido más devotos que tú, porque han sido constantes en cuidar todas las cosas que eran realmente tu responsabilidad". Con esa declaración, el último vestigio de mi ego murió; porque, en esa cultura y en ese tiempo, era devastador el ser menos que tu esposa o menos que tus hijos ante los ojos de tu maestro.

En ese momento, mi ego murió y algo muy interesante sucedió. Mi extensión hacia el mundo, a través de mis emociones, también murió. Y entonces, las emociones se volvieron hacia mi interior, retrocedieron hacia el Espíritu, y experimenté un absoluto éxtasis. No sabía lo que me estaba sucediendo. Lo único que sabía era que me sentía absolutamente libre y en unión con todo y con todos; que tener a mi maestro cerca me daba gran felicidad; que era una bendición y no un reproche el que mi esposa y mis hijos se hubiesen hecho cargo de las cosas en mi lugar; y que el haber completado el viaje y traído los caballos a mi maestro, fue como si se hubiese encendido una profunda y cálida luz dentro de mí. Sin embargo, estaba conciente de que no había completado el viaje en términos de éxito exterior. Yo hubiera sido igualmente amado, valorado y honrado, como lo fue el Hijo Pródigo, aunque él regresó agotado y sin dinero.

Me di cuenta que el logro exterior no significaba nada. Era el logro interno lo que importa. Mi viaje fue de crecimiento interno, conciencia y expansión. La compra de los caballos fue solamente eso: la compra de los caballos. Cualquiera pudo haberlo hecho. En ese momento, me di cuenta que no hay nada fuera del Espíritu. Yo sabía que había perfección divina en el mundo y en todas las experiencias de este mundo, no importa lo que aparenten ser. Fue un tiempo de felicidad, de alegría, de amor.

Después, vi a mi maestro servir a otros. Nunca me había dado cuenta de eso. Lo observé limpiar lo que ensuciaban sus estudiantes; y de pronto, caí en cuenta de lo mucho que él limpió por mí todos esos años. Observé como había estado a mi servicio cuando me envió en el viaje para comprar los caballos. Vi cómo él le servía a aquello que era lo mejor y lo más preciado para mí: mi alma. Reconocí su amor no sólo hacia mí sino hacia todos sus estudiantes; y más aún, hacia todo el mundo. Su amor no era limitado, ni era condicional.

Mientras yo había estado viajando, mi maestro había utilizado mi comportamiento como un ejemplo para enseñarle a los otros. Cuando él enseñaba sobre la calidad del alma, él le decía a sus discípulos: "¿Recuerdan al estudiante a quien yo mandé a comprar los caballos? ¿Recuerdan lo que él hizo, llamándole devoción? No hagan eso.

No se engañen a sí mismos pensando que me son devotos, si están apegados a mi forma física. Sean devotos sólo de sus espíritus internos, de sus propias almas. Cuando él le decía esto a los demás, su amor por mi era tan grande que él me tomaba dentro del espíritu de su ser. Internamente, yo podía escuchar estas cosas a millas de distancia. Y al escucharlo, sentía cuál era el error que había cometido. Yo sabía cuál era el error de mi comportamiento, no solo hacia él sino hacia los otros estudiantes. Yo pretendía saber más de lo que sabía. Yo pretendía tener más conciencia de lo que tenía. Yo pretendía muchas cosas.

Yo sabía que era importante reparar estos errores. Así que, cuando regresé al ashram me acerqué a cada una de las personas y les hablé de mis errores, pidiéndoles disculpas. Nadie me dijo que debía hacerlo. No me lo exigió ninguna autoridad externa. Era algo que era importante hacer, desde mi propia autoridad interna y para mi alma. Y de esa manera, también completé esa parte de mi viaje, y esto me llenó de paz interior y un sentido de honor para conmigo y para con aquellos que también buscaban este camino de conciencia. Mi alma estaba despertándose y yo me sentía en casa. Me había alejado del ashram y de la presencia física de mi maestro. Viví la ilusión de la separación y había despertado a la unidad espiritual; retorné al padre amoroso (mi maestro); y sentí una comunión espiritual más grande que cualquier otra cosa que había conocido.

Aprendí que la conciencia del alma, no es algo que puede obtenerse por medio del engaño, ni es algo que pueda lograrse con viveza. Para llegar al alma, uno debe ir más allá de las herramientas de este mundo (la habilidad de la mente, el poder de las emociones, la fantasía de la imaginación, la fortaleza del cuerpo) y ser honesto con lo que queda. A veces, eso no parece mucho; y a veces, en términos del mundo, no es mucho. Pero en términos espirituales, puede ser magnifico.

Mis recuerdos lejanos son una bendición para mí porque, a medida en que recuerdo las experiencias de otros tiempos y lugares, puedo traer el aprendizaje de *entonces* hasta esta vida de *ahora*, y salvarme de tener que aprender las mismas lecciones de nuevo. Al recordar, estoy en contacto con mi alma y su viaje de regreso al hogar.

EL EGO ES DE ESTE MUNDO FISICO Y MATERIAL.
El ego es lo que nos levanta por la mañana y nos ayuda
a lograr los objetivos de este mundo. A ese respecto, es una
bendición. El ego es también, un proceso individual. Aunque
es una herramienta útil en un aspecto positivo, en su aspecto
negativo el ego crea separación. El alma es del Espíritu y de
lo divino. El alma conoce su fuente de Dios y sabe que fue
creada con una sustancia divina, igual que todas las demás
almas. Y así siente la unicidad.

Cuando sientas separación o soledad, observa lo que está
haciendo tu ego. ¿Está induciéndote a actuar como si fueras
mejor que otros? ¿Te está juzgando como si fueras inferior
a otros? ¿O superior a otros? ¿O ambas cosas? ¿Le estas
pidiendo a quienes te rodean que satisfagan tus expectati-
vas? ¿Te has convertido en adversario?

El reconocimiento personal tiene su lugar en este mundo
y está bien cuando lo puedes mantener en una perspectiva
equilibrada. ¿Alguna vez haz buscado reconocimiento a
expensas de una mayor participación en la conciencia del
alma? Quizás, no te han pedido que compres caballos. Pero,
¿hay algún trabajo en tu vida en el arriesgues tu inte-
gridad? ¿Podrías utilizar esto como un experimento para

aprender sobre tu motivación? ¿Qué pasa cuando estás dispuesto a cuestionar tus motivos? ¿Qué pasa cuando alcanzas "el mayor bien de todos"?.

Cuando conozcas la Trascendencia del Alma, mueve tu atención fuera de tu ego y hacia una mayor honestidad contigo mismo. Más que hablar palabras verdaderas, disponte a examinar honestamente tus motivos y a cambiar tu comportamiento para mantener tu aprendizaje. Y, cuando pasas el reto inicial que esto presenta, encontrarás cualidades del alma: libertad, gozo, paz, amor y...unión.

Cuando conozcas más la Trascendencia del Alma, disponte a preguntarte a ti mismo: "¿Esta elección me está llevando más cerca de la experiencia de mi alma? ¿Es una decisión que me guía a casa?".

CAPÍTULO NUEVE

MAS ALLÁ DE LA MENTE DEL HOMBRE

En el pequeño pueblo de Utah donde yo nací, la Iglesia Mormona era prácticamente la única. Allí era donde todos mis amigos iban. Era el sitio donde estaban todas las chicas. Así que, ahí era donde yo estaba. Yo tenía dieciséis años de edad, me estaba preparando para graduarme de la escuela secundaria, y era parte del "grupo juvenil de la iglesia". Mis amigos y yo éramos un grupo muy arrogante. Esos eran buenos tiempos: comienzos de los cincuenta. En esos días, por lo menos en nuestro pueblo, nosotros no tomábamos, no fumábamos, ni masticábamos tabaco. Había muchas otras cosas que no debíamos hacer hasta casarnos. Pero aún así, nos las arreglábamos para divertirnos.

Una noche, en nuestro grupo juvenil de la iglesia (habían al menos veinte miembros esa noche), nuestro líder nos sentó y nos repartió papeles y lápices. Inmediatamente pensé, que íbamos a tomar algún tipo de prueba de coeficiencia intelectual. Esto no me molestaba en lo más mínimo, ya que me sentía lo suficientemente inteligente como para salir bien en cualquier tipo de prueba que me pusieran. Cuando todos tuvimos la hoja y el lápiz, el líder dijo: "¿Si tú pudieras tener una sola cosa, si Dios te pudiera dar una cosa, solamente una cosa, en este momento, qué sería? Quiero que escriban esa cosa en la hoja que les di". Espontáneamente, yo escribí: "Quisiera que mi mente me dejara tranquilo".

Después de escribir eso pensé que era una respuesta absurda, así que decidí que no iba a entregar mi hoja para que nadie supiera lo que había escrito. El líder dijo: "Bien, pasen sus lápices hacia el pasillo". Eso fue fácil. Después él dijo: "Pasen sus hojas hacia el pasillo". Yo estaba sentado en el medio, así que pensé que sería fácil esconder mi hoja. Cuando las hojas llegaran a mí, metería la mía en mi bolsillo y pasaría las otras. Pero para mi sorpresa, al llegar las hojas hasta mí, el líder dijo: "Asegúrate de pasar la tuya también".

El me asustó. Me pregunte cómo pudo haberme visto y saber lo que yo estaba pensando, y como una reacción, puse mi hoja con las demás y las pasé hacia delante. Después de pasarla me di cuenta que no era posible que él me hubiera visto o que se estuviera refiriendo a mi, pero ya era tarde. Mi hoja, junto con las demás, estaba siendo pasada hacia el frente.

Él las empezó a leer. Algunas las leyó en voz alta. Separó una hoja, y mientras la separaba, dijo: "Creo que he encontrado una respuesta que es absolutamente profunda". Todos nos preguntamos de quien sería. Ya sabíamos de quiénes eran algunas de las respuestas, así que esos chicos ya no tenían ninguna expectativa. En cambio, el resto de nosotros sabía que nuestras hojas estaban aún ahí. Después de leer en voz alta algunas respuestas más, tomó la hoja que había separado y dijo: "La razón por la que dejé ésta de última es porque a mí nunca se me hubiera ocurrido escribir esto; pero después de leerla, pienso que ésta sería mi respuesta también".

Así que tomó la hoja y la leyó; y era la mía. Me deslicé hacia abajo de mi silla, envuelto en sentimientos de ver-güenza como se sienten los niños cuando son señalados por sus compañeros. Se me ocurrió la brillante idea de que quizá, alguien más escribió la misma cosa y que esa no era mi hoja. Así que, levanté la mano y dije: "¿Hay más hojas que dicen lo mismo?" El contestó: "No, sólo la tuya". No entendía como podía saber que era mi res-puesta. Pero pensándolo bien, me di cuenta que precisa-mente yo pregunté eso porque mi mente no me hubiera dejado tranquilo. Acababa de demostrar simplemente lo que había escrito. Aún así, no estaba cien por cien con-vencido de que era mi hoja, hasta que él me la entregó y yo me aseguré que era mi letra. Esto también indicaba cómo funcionaba mi mente. Tenía que comprobar todo. Todavía lo hago.

El líder nos habló un poco sobre cómo la mente podía ser nuestro peor enemigo, porque puede tomar la negatividad del mundo y magnificarla, y repetirla, y obsesionarse hasta el punto que nos sentimos que vamos a enloquecer. Y mientras hablaba, todos mis compañeros se volteaban a mirarme. Al comienzo estaba bien, después no; después solo deseaba que terminara la reunión para irnos a casa. Al rato, él dijo: "Quiero que vayan a casa y piensen en lo que escribieron".

Yo sólo quería salir de allí y regresar a casa. Me sentía sumamente avergonzado y quería crear separación como una forma de protegerme (sin acordarme de todas las lecciones de mis vidas anteriores que lidiaban con el ego y la separación). Mientras mis amigos y yo salíamos, los otros niños empezaron a preguntarme: "¿Cómo puede ser que tu mente no te deja solo? Yo respondí: "Me habla continuamente". Ellos dijeron: "¿Alguna vez te dice algo que no sabes?" A lo que respondí: "¡Nunca! Nunca me ha dicho algo que yo no sé. Yo invento todas las conversaciones, pero invento ambos lados de la conversación, e invento distintos argumentos y puntos de vista para cada lado; y así sigo, y sigo, y sigo". Entonces, todos mis compañeros dijeron que sus mentes hacían exactamente lo mismo. Me asombró descubrir, que lo que yo pensaba que era un problema individual y solamente mío, aparentemente era un problema universal. Parecía ser una condición humana. De manera que lo que se inició como una experiencia de separación, terminó siendo de conexión. Aprendí que a través de la conexión, usando la comunicación y compartiendo honestamente, se revela la unicidad o algo común para todos. Nunca me había sentido tan unido con ese grupo de compañeros.

Esa noche mi conciencia dió un giro total, pues descubrí que había algo más de mi mente que formaba parte de mi ser. Me di cuenta que, si podía decir "Yo quiero que mi mente me deje tranquilo", había otra cosa que se identificaba a sí mismo como "yo". Me pregunté qué o quién podría ser.

Comencé a descubrir que también hablaba de "mi cuerpo", "mis emociones" y "mi imaginación". Me pregunté quién o qué era el que reclamaba la posesión de elementos míos. Me pregunte quién se encontraba detrás de las emociones, la mente, el cuerpo y la imaginación. Me preguntaba: ¿Quién es "yo"?. Mientras consideraba esta pregunta, podía sentir que algo se revolvía dentro mí. Me sentía como si despertaba una parte de mí, convirtiéndose más conciente de si misma. Empecé a pensar: "Aquí hay algo más". Se sentía como algo que iba más allá del mundo físico. Ese fue el comienzo del despertar de mi alma en esta vida presente. Este fue el momento de despertar y darme cuenta que había algo más en esta vida de lo que conocía anteriormente. Fue el momento en el que escuché la pregunta de Dios: "¿Cuándo regresas a casa?" Y me di cuenta que el mundo físico no era mi verdadero hogar. Había algo más.

Durante nuestra niñez y adolescencia experimentamos con muchas expresiones y experiencias. Esta es una manera de comenzar a adquirir identidad en este mundo, y es un paso necesario en nuestra evolución. Sin embargo, muy a menudo no vemos más allá de esas expresiones hacia la esencia de nuestra alma, el núcleo o polo central de nuestro ser. Si por ejemplo fuéramos músicos, podríamos pensar que sin nuestra expresión musical no seríamos nada, no tendríamos ningún valor ni lugar en el mundo. Si fuéramos maestros, podríamos identificarnos tanto con ese papel, que no podríamos vernos separados de él. Estas creencias son trampas de este nivel. Nuestras almas se han expresado en un gran número de formas a través del tiempo y del espacio y se han mantenido fieles a su esencia divina, no importa cuál haya sido nuestra expresión.

El alma es la esencia de quienes somos. Yo creo que la mente, las emociones, el cuerpo, y la imaginación son "abrigos" que adquirimos cuando nacemos en esta tierra. Ellos nos permiten funcionar aquí, en esta dimensión. Ellos nos permiten ser vistos, ir de un lugar a otro, relacionarnos uno al otro, y tener una sustancia aquí. A menudo en la vida, identificamos a las personas por el "abrigo" que llevan puesto. No nos damos cuenta que el "abrigo" puede quitarse, pero que la esencia permanece. Pensamos que debemos tener el "abrigo" para ser reales. Hay muchas cosas en nuestra cultura y nuestra sociedad que apoyan esta idea. En otras culturas, las ilusiones no son tan fuertes; o simplemente son diferentes. Sin embargo, siendo un jovencito americano yo todavía no había tenido ninguna experiencia con el Espíritu y con el alma, ni con verdades o enseñanzas universales. Yo todavía era un buscador. Estaba buscando quién podía ser yo.

En la medida en que mi alma comenzaba a despertar y concientemente buscaba un camino al hogar de Dios, comencé a sentirme más y más alejado de este mundo y más "nostálgico" por el mundo del Espíritu. No pienso que esto sea algo único. Pienso que muchas personas lo experimentan en sus vidas. Se sienten como si algo faltara. A veces, hay una sensación de que verdaderamente no pertenecemos aquí. Y a veces, hay sentimientos de tristeza o desesperación o la sensación de tener una vida nula o una expresión inválida. Creo que estos sentimientos ocurren cuando nos hemos separado de nuestra alma, cuando hemos perdido la pista de su existencia y estamos tratando de manejar el mundo en sus términos, en vez de nutrir nuestra conexión con el Espíritu. El alma quiere experimentar más de sí misma, porque hay gozo, amor y paz. El alma quiere conocerse a sí misma y a su propia divinidad.

Mientras mi alma respondía a la pregunta que mi conciencia se planteaba—"*¿Quién soy yo?*"—empecé a buscar maestros que pudieran guiarme en mi viaje al hogar. Encontré a muchos; y con el tiempo, encontré a aquellos que serían mis maestros espirituales, y quienes me ayudarían a distinguir los "abrigos" que usaría y las identificaciones falsas que tenía con mi cuerpo, mente, ego y deseos que me separaban de mi alma y Espíritu.

Mis maestros me mostraron que cada alma tiene una experiencia individual y única. Dos viajes no son parecidos. La experiencia que mi alma necesita para su crecimiento y expansión, y el descubrimiento del camino hacia el hogar de Dios, no es exactamente igual a lo que tu alma necesita. Cada camino es individual. Nadie más que tú tiene autoridad sobre tu alma. Tú eres la última autoridad sobre ti mismo. Otros te pueden asistir. Otros te pueden señalar el camino. Pero no hay nadie que camine tu camino sino tú. Tu alma sabe lo que necesitas aprender en esta vida. Tu alma sabe qué experiencias necesitas para acercarte al Espíritu y a Dios. Si eliges esas cosas, está bien. Si eliges otras experiencias, el alma también aprenderá de ellas, a pesar de que el viaje a casa puede ser mas largo. No hay ningún desperdicio. No hay nada supérfluo. En último término, el alma utilizará cada experiencia para tu elevación. A su tiempo, todo será usado para bien.

El alma está en un camino de evolución. Esta buscando regresar a su fuente: al reino del Espíritu y de Dios. Utilizará todas las experiencias para progresar a lo largo de su camino. Ninguna experiencia es inútil o sin valor, ya que al final todo es para la experiencia del alma. El propósito primordial de la separación original del alma de la fuente de Dios es conocer a Dios completamente, en todas sus dimensiones, experiencias y expresiones. El alma aprende más a través de la separación, que lo que hubiera podido aprender si nunca hubiera "dejado el hogar". El alma deja su hogar para viajar lejos y para conocer tanto lo positivo como lo negativo de toda la existencia, al igual que el *hijo pródigo* quien nunca hubiera podido apreciar completamente el hogar de su padre si hubiera permanecido ahí. Porque, en la dinámica entre lo positivo y lo negativo, es donde hay vida y conciencia.

La mayor parte de la experiencia del mundo físico en la tierra está del lado negativo. Hay muchos ejemplos de codicia, envidia, daño y dolor en todas partes. Existen personas que siempre tratan de tomar ventaja sobre los demás; buscan poder y control sobre sus semejantes, sin importarles como lo logran. Por supuesto, también hay ejemplos de bondad, amabilidad, benevolencia y amor. También he visto evidencia de la polaridad positiva y de la negativa, en los niveles superiores del Espíritu: el imaginativo, el emocional y el mental. Y la polaridad positiva y la negativa también existen dentro de cada ser humano. Algunas veces, somos negativos en nuestro pensamiento o emociones; y otras veces, somos amorosos y amables en nuestras acciones y caritativos en nuestros pensamientos. Todo es parte de nuestra experiencia humana.

*C*ONSIDERA, QUE EN PRIMER LUGAR, ERES UN *ALMA y que tu personalidad, emociones, mente, talentos y habilidades no son nada más que diferentes abrigos que has adquirido en tus viajes aquí en el plano físico. Aunque te pongas estos abrigos, puedes experimentar el "tú" que se encuentra debajo de ellos. ¿Hay algún abrigo que no te gusta? Quizás, tú puedes perdonar alguna experiencia que has juzgado como negativa. Tal vez, podrías abrazarla y tener algún aprendizaje de ella.*

¿Alguna vez has hecho o dicho algo que parecía ser embarazoso, y luego descubriste que esa expresión honesta en ese momento te trajo más cercanía con los que te rodeaban? Cuando nos abrimos a compartir sobre nosotros mismos, podemos aprender que nuestra expresión pude ser un puente hacia la aparente separación y traer mayor unicidad. Considera que más allá de la expresión de tu personalidad, tu esencia es de una naturaleza más alta: divina en su fuente, divina en su herencia. Considera que eres parte de Dios, un alma en comunidad con todas las otras almas sobre la Tierra.

Si tienes que elegir en tu expresión, elige lo positivo.

Si encaras una elección y no sabes qué camino tomar,

elige la acción más amorosa que puedas percibir.

Elige una acción que no te haga daño ni a ti ni a otros.

Elige una acción que te permita cuidar de ti mismo y que ayude aquellos alrededor de ti, de la manera más amorosa posible.

El amor y el cuidado te guiarán sin cometer errores, por el camino de la Trascendencia del Alma.

Si conocieras más sobre la Trascendencia del Alma, y cómo alcanzarla, te conectarías con otras personas como una manera de tender un puente para evitar el sentido de separación y para experimentar amor y unicidad.

CAPÍTULO DIEZ

CAFÉ, PASTEL DE PIÑA, MI MAESTRO Y YO

Continué luchando contra mis sentimientos de separación y la identificación de mi ego en el mundo. Aunque mi alma estaba despertando, yo continuaba queriendo ser competitivo, buscando ser importante, aspirando sobresalir, y así sucesivamente. Mi ego quería logro y reconocimiento. Mi lección era la de expresar más las cualidades del alma: amor, compasión, unicidad y comunión.

Una tarde, estaba con uno de mis maestros espirituales en una reunión con otros estudiantes. Después de la sesión, me arriesgué a romper mi barrera de separación y le pregunte a mi maestro: "¿Te gustaría ir conmigo a tomar una taza de café?" El dijo: "Pensé que nunca me lo pedirías". Estaba asombrado. Me puse a pensar en todas las veces que me había sentido rechazado o herido; y me di cuenta que él solo estaba esperando que lo invitara. Estaba tan eufórico pensando que él no me estaba rechazando, y que quizás yo le agradaba y podíamos tener una relación más cercana, que salí por la puerta, me subí a mi auto, manejé hasta la cafetería, entré y pedí una taza de café y un pedazo de pastel de piña. Y fue entonces cuando me di cuenta que había olvidado llevar a mi maestro. ¡Estaba horrorizado! Corrí fuera de la cafetería y me subí de nuevo a mi auto, manejé como un loco de regreso al lugar donde estaba el maestro, entré corriendo por la puerta, y allí estaba él, sentado en la silla con su sombrero puesto. De pronto, comencé a reírme. El comenzó a reírse, también. Ambos reímos y reímos, hasta que empecé a llorar como si todos los sentimientos de rechazo, dolor, falta de pertenencia, sentimientos de separación, soledad y pérdida se hubieran liberado y sanado. Creo que lloré como por catorce vidas. Y entonces, él dijo: "¿Pagaste el pastel de piña?" Eso me sobresaltó de nuevo. Salté de mi silla dirigiéndome a la puerta, pero me acordé de parar y preguntar, "¿Quiere venir?" Él estaba parado detrás de mí, riéndose todavía. Entramos al auto y fuimos a la cafetería. El pastel y el café todavía estaban sobre la mesa, con un segundo pedazo de pastel y un segundo café a su lado, y la cuenta. Nos sentamos para disfrutar del pastel, el café y de la camaradería del momento.

De hecho, ninguno de los dos comió mucho, pero no era de eso de lo que realmente se trataba el momento. Se trataba de sanar. Se trataba de entrar en la unicidad. Solamente el estar con mi maestro estaba resolviendo rápidamente muchas cosas para mí. Estaba experimentando aceptación y amor. Aunque en un momento, cuando comenzamos a agotar los temas de conversación, me voltee hacia él y le pregunté: "¿Ya terminó?" El me respondió que no. Así que, traté de crear más conversación, pero me sentía incómodo. Volví a hacerle la misma pregunta un poco después y volvió a decir que no. Comencé a ponerme tenso. No podía identificar qué era lo que sucedía. No podía encontrar un punto de referencia para esta situación. Esto me estaba poniendo nervioso. Finalmente, le volví a preguntar si había terminado. Él dijo, "¿Te molesta mucho tenerme a tu lado en público?"

Noté que yo estaba repitiendo mis viejas trucos para crear separación e intentar controlar una situación, tratando de hacer que las cosas sean como yo pienso que deben ser; en vez de, simplemente relajarme y disfrutar el momento. Le dije: "No es eso. Es que tenía miedo de que te estuviese molestando". Y me preguntó: "¿No crees que yo te diría si así fuera?" Y dije: "No estoy seguro", y me sentí como si estuviera yéndome al final de la clase rápidamente. Entonces descubrí, que si miraba mas allá de mis sentimientos de separación, hacia la verdad de mi experiencia en ese momento, era yo quien realmente estaba listo para irse. En lugar de quedarme atrapado en mi sentimiento de separación, me responsabilicé por mi verdad y le dije: "Me imagino que tú harás lo que harás y yo haré lo que haré; pero quizás éste sea el momento para que hagamos otra cosa". El dijo: "Estoy listo". Y me di cuenta que le había estado haciendo la pregunta incorrectamente. Le estaba preguntando: "¿Ya terminó?, en lugar de: "¿Está listo para que hagamos otra cosa?" Otra sutil enseñanza: él respondía simplemente a mis preguntas exactas, y de esta manera me ayudaba a responsabilizarme por lo que estaba pidiendo. Sin hacer ninguna suposición o conjetura sobre lo que yo estaba tratando de decir, él esperó hasta que yo clarificara lo que quería decir. Me estaba enseñando niveles profundos de integridad y verdad.

Para entonces, ya eran las 2:00 de la mañana. Fuimos al auto y yo le pregunté a dónde le gustaría ir. Sin una respuesta específica, comenzó a dirigirme: ve por esta calle, ahora vuelve a la derecha, ve de frente, gira hacia a la izquierda, luego en la próxima esquina gira a la derecha, gira a la izquierda. Parecían direcciones al azar. Comencé a anticipar lo inesperado. Comencé a chequear todas las posibilidades, para ver si había autos circulando alrededor; de manera tal que si él decía "izquierda", cuando yo estaba en el carril derecho, yo sabría con anticipación si podía o no hacer el cruce como él lo señalaba. El se dió cuenta de lo que yo estaba haciendo y dijo: "Ahora estás en camino", y yo sabía que él no se refería a un camino físico. Esta fue otra lección que se aplicaba en muchos niveles. En cualquier nivel, no puede haber suposiciones sobre lo que puede pasar próximamente. Es sabio estar preparado. Es sabio no estancarse y olvidar el estar conciente de los cambios alrededor de ti. Simplemente "estar presente" es otra cualidad del alma.

Antes de llevar a mi maestro a su casa esa noche, él dijo: "Cuando recién salimos de la cafetería, te pedí que giraras a la derecha y no lo hiciste, porque no habías observado por ti mismo que el camino estaba libre. ¿Creíste que yo podría lanzarte hacia algo que te pudiera dañar?".Yo dije: "Supongo que sí, porque por eso no giré". Esa fue una respuesta honesta. La verdad. Él me preguntó: "¿Tú realmente crees que yo haría eso? Y dije: "Si lo pienso bien, creo que no lo harías. Pero por mi reacción, es posible que lo pensé, porque no giré como me lo indicaste". Otra respuesta honesta. Mientras hablábamos lo llevé a su casa sin estar conciente de donde vivía. Como mi ego se había desplomado y era capaz de ser honesto y verdadero con mi maestro, dejé caer las barreras que nos mantenían separados concientemente. En nuestra conciencia de unidad, la comunicación fluía sin esfuerzo. Lo dejé en la puerta de su casa y le dije: "Nos vemos más tarde". El dijo: "Has aprendido lo que yo puedo enseñarte".Y yo le respondí: "Esta bien." No había rechazo, ni duda o dolor.Verdad. Mi maestro había abierto mi conciencia de otros niveles y me había dado el regalo de la conexión, no sólo en este plano físico sino también en otros planos de conciencia.

Yo estaba aprendiendo a soltar el ego, a buscar riqueza interior, en lugar de riqueza mundana. Estaba buscando fuerza interior, en lugar de fuerza del ego en este mundo. Sabía que la fuerza interior y la sabiduría podrían expandirse en el mundo a su propio tiempo, por medio del proceso natural de la evolución y del despertar. Intuitivamente, sabía que a medida que adquiría más

fuerza dentro de mí y de mi alma, me estaría acercando a
Dios y a la paz que es Dios. Sabía que este era el camino
a casa y a Dios.

EL ALMA NO TIENE QUE "VERSE BIEN", impresionar a otros, protegerse a sí misma, o mentir para seguir adelante. El alma refleja la pureza de Dios. Refleja la simplicidad del Espíritu. Esta simplicidad se encuentra a menudo en la cualidad de estar presente. Cuando estamos presentes en el momento, encontramos que la vida funciona mucho mejor. Nuestras agendas escondidas de querer controlar las respuestas de otros crean separación, lo cual crea tensión y lo cual, sucesivamente crea más ansiedad sobre nuestra actuación. El alma no está interesada en este tipo de actuación. El alma está en armonía con la verdad que se encuentra en la simplicidad y la autenticidad. Cuando la inocencia está presente, es fácil ser auténtico. Cuando la inocencia está presente, no estamos tratando de impresionar. Estamos viviendo genuinamente y con integridad. Con estos valores, podemos estar relajados. En la medida en que cooperamos con lo que está presente, podemos sentirnos fluir. Entonces, descubrimos que la vida se desarrolla de pequeños milagros en un tiempo perfecto. Es el tiempo del alma.

Vamos a decir que estás aquí en este mundo para aprender a conducir. Estas lecciones pueden abarcar muchos aspectos del territorio por el cual manejas: la manera en que están organizadas las calles, las leyes de tráfico, las costumbres locales, y mucho más. Imagina que tu alma, sentada en el asiento del pasajero, conoce la mejor vía a casa. Considera la posibilidad de ser paciente y de confiar en las direcciones de tu alma. Pregunta con simpleza:"¿Adónde vamos?". Observa que hábil puedes ser al escuchar primero, y luego seguir:"izquierda","derecha","derecha de nuevo", muy seguro mientras tu alma te dice por donde conducir.

Cultiva la apertura en tu acercamiento hacia la vida, en tus expresiones y en tus relaciones. Explora la simple honestidad del momento. Pregunta:"¿Qué es lo que está presente para mi en este momento? Y, ¿qué direcciones me está dando mi alma en este momento? ¿Cuál es la forma más auténtica y amorosa de expresar esto?"

Si practicaras la Trascendencia del Alma, buscarías ser honesto y genuino en tu vida diaria.

CAPÍTULO ONCE

NAVEGANDO LOS REINOS INTERIORES

A medida que el tiempo pasaba, el proceso que eventualmente llegué a llamar La Trascendencia del Alma empezó a emerger con mayor claridad. Por medio del estudio con mis maestros espirituales y mi propio proceso de ejercicios espirituales, aprendí cómo el alma está presente y se expresa tanto en este nivel físico como en otras dimensiones de la conciencia. Conocí lugares que existen objetivamente fuera del mundo físico y que corresponden a nuestros niveles de conciencia interna. Ya te conté sobre algunos de mis viajes a través del nivel astral y de los reinos de la emoción y la mente. Había más planos por descubrir.

Aprendí que la experiencia del alma es una experiencia común a todos, estemos o no concientes de ello. Todos en el planeta nos manifestamos a través del alma. Quizás debería decir que todas las almas en el planeta se manifiestan a través de un cuerpo físico. Mientras más nos identificamos con el alma, más nos identificamos con lo eterno y con las cualidades que perduran. Si nos identificamos con el cuerpo físico (que no es eterno, ni perdurable), siempre habrá alguien con un cuerpo más fuerte o más bello. O simplemente, el tiempo pasará hasta que una mañana nos despertemos y nos preguntemos qué fue lo que nos pasó. Si nos identificamos con la mente y nos enorgullecemos de nuestra capacidad intelectual, siempre llegará alguien mucho más brillante. Este mundo no está diseñado para la permanencia. Todo es temporal. Es importante buscar más allá de las ilusiones de la mente, del cuerpo y de las emociones, si es que queremos conocer más sobre el alma.

Incluso la paz y la tranquilidad son estados temporales en el mundo físico. Logramos etapas de paz y tranquilidad periódicamente para restablecer un equilibrio. Pero siempre se presenta algo que cambia esa condición. Una habilidad que puedes desarrollar es la de retornar a ese lugar interior de paz y tranquilidad de una manera más y más rápida. Puedes volverte tan experto, que las ocasiones en que experimentas perturbaciones o confusión comienzan a hacerse infinitamente pequeñas. El amor sin embargo, no tiene necesariamente que ser temporal; es una cualidad que puede sostenerse a través de todas las situaciones, al igual que todas las otras cualidades del alma. Cuando eres amoroso, entras en el más íntimo contacto con tu alma.

Durante el tiempo en que estuve estudiando con mi maestro espiritual, estaba muy conciente que soñaba frecuentemente con él. Al principio, pensé que eran simples sueños y no les di mayor importancia; hasta que una noche soñé que conocía a un ser de otra dimensión de una magnificencia indescriptible. En mi sueño, este ser se me apareció en forma de hombre, pero de un radiante esplendor. Tenía la piel oscura, su rostro era delgado e intenso, sus ojos eran café oscuro, casi negros y luminosos. En mi sueño, él estaba vestido con túnicas de color azul brillante. La siguiente vez que vi a mi maestro y antes de yo decir nada, me preguntó como había disfrutado de mi encuentro con una forma maestra. Y me describió al hombre en mi sueño con una total y asombrosa exactitud. Quedé perplejo y me quedé pensando en las implicaciones de que él conociera mi sueño y la posibilidad de que no había sido un mero sueño.

En otra ocasión, muy de mañana, me sentía saliendo fuera de mi habitación, flotando por el aire. Al principio, no podía distinguir si estaba realmente desplazándome físicamente o si era únicamente una percepción. Lo sentía como algo muy real. Experimenté movimiento por un corto tiempo y luego completa quietud. No sabía qué hacer, entonces hice lo que pude por mantener mi conciencia presente en medio de la quietud. De pronto escuché, literalmente, la voz de mi maestro preguntándome: "¿Qué ves?". Le respondí con mis pensamientos que no veía nada. Me dijo: "Abre los ojos", y percibí su sonrisa. Abrí mis ojos, pero aún no veía nada. Sólo tenía la vaga percepción de una especie de niebla blanquecina y luminosa a mi alrededor. Cuando me desperté unos minutos después, aún en mi cama, pensé que todo ese episodio había sido un sueño nada más; hasta que al asomarme por la ventana observé que, en efecto, era una mañana cubierta por una densa tiniebla. Descubrí que lo que había visto en mi "sueño", era exacto a lo que estaba observando físicamente. Mi mayor sorpresa fue cuando más tarde me encontré con mi maestro y, sonriendo con una chispa en sus ojos, me preguntó si había disfrutado mi viaje en la neblina esa mañana.

Yo estaba anonadado. ¿Eran sueños o recuerdos de otras experiencias no físicas? Descubrí que mi maestro tenia conocimiento de muchos de mis sueños; cuando me los comentaba lo hacia de tal manera, que parecía estar haciendo recuentos de experiencias compartidas. Quizás, de eso se trataba. Sin embargo, me preguntaba cuál era el mecanismo para compartir experiencias en sueños, ya que nuestros cuerpos físicos estaban, obviamente, durmiendo en lugares diferentes. ¿Serían nuestras almas las que compartían las experiencias en los sueños? ¿Era el cuerpo físico una simple herramienta para experimentar el nivel físico? ¿Poseíamos otras "herramientas" para explorar otros niveles?

A medida que profundizaba en mis estudios espirituales, tenía más y más preguntas. Encontré que mi sed de conocimiento no se satisfacía con palabras y teorías; solamente sentía satisfacción cuando tenía experiencias y vivencias que me mostraban las respuestas verdaderas. A veces, esas experiencias sucedían aquí, en el nivel físico, otras veces sucedían en otros niveles. Poco a poco, empecé a recordar mucho mejor mis sueños. Así mismo, comencé a recordar más lo que sucedía en otros planos existenciales.

Después de mis intervenciones quirúrgicas y el inicio de mi despertar a otras realidades y dimensiones de la conciencia, más allá de nuestro mundo físico, pude empezar a explorar y a observar directamente, en forma mucho más activa, realidades que están mucho allá de los sentidos físicos. Comencé a explorar más allá de lo que podía ver, escuchar, saborear, pensar, sentir o imaginar. Empecé a ponerle más atención a aquel que parecía ser el que hacía todas estas cosas; ese que parecía ser el que estaba teniendo esas vivencias. Cada vez que intentaba ver más allá de mí mismo, volvía a mi respiración. Parecía que la respiración era lo más elemental de mi ser.

Comencé a reconocer que mi respiración estaba íntimamente conectada a mí existencia, a la fuerza de la vida misma y al espíritu. Comprendí que todo lo que respiraba tenía vida. Reconocí que, cuando mi mente estaba quieta, allí estaba mi respiración y que, cuando mi cuerpo físico estaba con dolor, lo único que podía hacer era mantenerme enfocado en mi respiración. En momentos como estos, respirar se hizo para mí lo más importante. Sabía que mientras tuviera aliento, tenía vida. Este había sido un aprendizaje poderoso durante las cirugías. Pensé sobre el pasaje del Génesis en la Biblia, que dice: *"Entonces Jehová formó al hombre del polvo de la tierra y sopló en su nariz aliento de vida; y fue el hombre un ser viviente"*. Comprendí que la vida, es realmente un regalo de Dios, que nos entrega por medio de su aliento y el alma es activada con el aliento divino. Pensé en las personas que tienen alguna parte de su cuerpo paralizado por cuestiones hereditarias, o por accidentes físicos y observé que, aunque no poseen la misma movilidad que los demás, su condición no los hace estar menos vivos, no los incapacita a participar en esta experiencia llamada vida. Existe vida en tanto que haya aliento. Donde hay aliento, el alma está presente y participa y se involucrada en el desarrollo, el aprendizaje y el crecimiento en millones de formas disponibles para cada persona. No es una experiencia en *particular* la que crea la vida. La vida se hace cuando cada uno de nosotros recibe el regalo más preciado de Dios, el regalo del alma. Cuando tenemos eso, tenemos vida y la forma que tome esa vida, es un proceso de muchas decisiones y elecciones.

A veces, cuando experimentaba con mis ejercicios espirituales, permanecía muy quieto y enfocándome solamente en mi respiración. Me permitía entonces, de manera muy sutil, hacer preguntas sobre el universo y el lugar del ser humano en ese universo y el mío también. Pensaba sobre lo que había aprendido de mis maestros y las implicaciones de sus enseñanzas espirituales. Comenzaba a sentir una sensación de expansión de la conciencia. Hacía lo posible por establecer una conexión interior profunda y realizar el significado de la promesa espiritual; esa promesa espiritual que yo a veces intuía. A menudo, escuchaba internamente el sonido distintivo de cada uno de los planos más altos de la conciencia, o buscaba imágenes familiares de cada uno de ellos. Enfocaba mi atención lo más profunda y silenciosamente que podía en mi conciencia; y luego, simplemente, la soltaba.

Se me fue haciendo evidente, que los sonidos que escuchaba, no se originaban en este plano físico. Estaba conciente de la Luz y de sus cambios dentro de mi visión interna (lo que "veía" con los ojos cerrados). Me preguntaba sobre lo que posiblemente podía estar experimentando. Dado que era escéptico por naturaleza, al principio pensaba que estaba viendo las luces de los autos que pasaban por la calle y que las luces y los sonidos, venían de los otros edificios; es decir, que todo provenía de la realidad física. Así que hice todo tipo de pruebas y experimentos para estar seguro que no me estaba engañando. Oscurecía mi habitación para que no entrara ninguna luz de tipo físico desde el exterior. Comprobaba que los vecinos estaban o no en casa, para estar seguro que si escuchaba algo, podría venir de al lado. A veces me ponía algodones o tapones en mis oídos y cubría mis ojos con un tapaojos. Aún cuando tuviera controlado mi medio ambiente de la manera más completa y mis canales de percepción bloqueados, encontré que seguía percibiendo interiormente, formas y patrones de luz y sonido y sintiendo cambios, que no provenían de este nivel físico.

Lo menos que puedo decir, es que encontraba todo esto realmente interesante y que me intrigaba enormemente. Al enfocar mi atención hacia mi conciencia interior, pude empezar a seguir lo que escuchaba y veía, con el deseo de descubrir la fuente u origen de estas experiencias y de qué se trataba. No tenía la menor idea. Pensaba que eran un simple fenómeno casual. Lo que descubrí fue que al seguir estos patrones de luz y de sonido, aún me encontraba abierto y conciente de otras experiencias. Una de ellas por ejemplo, era sentir calma interior. Me sentía en paz y benevolente, lleno de amor y feliz. Me sentía intrigado, pues con frecuencia era impaciente y usaba un sentido del humor muy rudo y era sumamente activo física y mentalmente. Al mantener mi atención en esos patrones de luz y sonido, empecé a descubrir una parte diferente de mí que parecía ser totalmente inde-pendiente de las irritaciones de la vida cotidiana, y desde la cual podía observarme como parte de una realidad mucho mayor.

Descubrí que mis viajes espirituales eran similares a mis viajes en la Tierra. Cuando viajas físicamente, descu-bres nuevos escenarios, conoces nuevas personas y hasta llegas a sentirte diferente en la medida que te adentras en otras culturas. Descubrí que viajar en dimensiones no físicas, era más o menos lo mismo. Observaba y escuchaba cosas nuevas. En mis viajes por otras dimensiones, a veces me encontraba con seres que no eran físicos, de acuerdo a nuestro concepto terrestre. Son seres no físicos y tienen una conciencia, una luz y conocimiento diferentes. A veces conocí a seres muy parecidos a nosotros, pero que parecían emanar más luz y de una hermosura que los hacía seres casi perfectos. A veces tenía la impresión de que su forma era muy insustancial, pero que asumían una forma semejante a nuestro cuerpo físico para que yo pudiera relacionarme con ellos. A veces parecían ser más bien una forma luminosa o de energía amorfa. Encontré que podía comunicarme con estos seres, no de la misma forma en que nos comunicamos verbalmente aquí, sino casi con una especie de telepatía mental. La comunicación no física con seres no físicos, es a menudo considerablemente más clara que la comunicación en el plano físico, ya que es más intuitiva, menos confusa y menos limitada por el lenguaje. Algunos de estos seres espirituales se convirtieron en mis maestros y me ayudaron a conocer más íntimamente las dimensiones o planos espirituales que son su hogar.

Encontré que como en cualquier viaje, había lugares que me gustaban y lugares en que me sentía muy incómodo. Parecía haber lugares que eran más negativos que otros y lugares que estaban más llenos de Luz y de paz. En lo posible trataba de dirigirme hacia esos lugares de Luz y de paz, para poder tener una experiencia personal gozosa, que me elevara y que fuera trascendente. Descubrí que realmente me gustaba sentirme en paz y con más experiencia. Cada vez me gustaba más y más. Descubrí que cuando viajaba y exploraba otras dimensiones, mi mente realmente me dejaba tranquilo. Mis sentidos—todos mis sentidos—se llenaban de nuevas experiencias. Había muy poco lugar para la negatividad o la preocupación. Al principio si me sentí un poco preocupado, pues temía que estaba perturbando cosas que no debía saber. Me preguntaba si no estaría haciéndole una invitación a ciertas fuerzas negativas para que entraran a mi vida y a mi conciencia. Decidí que era de suma importancia descubrir cuál era mi verdadero propósito con respecto a estas exploraciones. ¿Estaría solo detrás de la sensación? ¿Perseguía poder? ¿Estaría detrás de la habilidad para controlar a otros o ciertas situaciones? ¿Cuál era mi *intención?* ¿Cuál era mi *propósito?* Pensé muchísimo sobre estas cosas.

Comprendí que si lo que quería obtener era poder personal a través de estas experiencias y lo lograba, correría el riesgo de corromperme por el poder. Comprendí que si quería controlar a otras personas, tendría que prepararme para la venganza una vez que los otros reconocieran su propio poder. Comprendí que si solamente estaba detrás de sensaciones, podía lograrlo más fácilmente por medio de ciertas sustancias que alteraran la conciencia y que estaban disponibles en el mundo. Comprendí que la única intención que podía validar para mí esta exploración era la de conocerme más a mi mismo, descubrir la naturaleza de mi alma, y sobre todo, conocer más a Dios. Me di cuenta que era muy importante mantener esa intención presente en mi conciencia mientras exploraba otras dimensiones. Realmente me sentía como un científico—explorando por explorar, experimentando por el hecho de encontrar qué era lo que estaba presente—un explorador de Dios.

Mis exploraciones me enseñaron que el alma no se impone y que aunque parezca débil, es la parte más poderosa de nuestro ser. El alma es lo que perdura más allá de cualquier otra forma de existencia. Sin embargo, parece ser la parte más débil; porque aquí en el nivel físico, se rinde ante todas las demás expresiones de vida. Si quieres expresar furia, odio o envidia, el alma te lo permite. No te forzará a ser amoroso. No te forzará a buscar un conocimiento más profundo sobre ninguna situación. No te forzará a adquirir una perspectiva más elevada acerca de una situación. Te permite hacer todo lo que tú quieres hacer. Pero si volteas hacia tu alma y eliges amor en vez de actitudes y acciones negativas, descubrirás que posees una fuerza asombrosa. Existe un hermoso relato contado por un hombre que sobrevivió a un campo de concentración durante la II Guerra Mundial, aún cuando su familia y muchos de sus amigos fueron ejecutados. Durante todo ese tiempo, él continuó haciendo todo lo que podía para servir, ayudar a otros y mantener una actitud positiva y de esperanza. Cuando fue rescatado y desde aquel entonces, cuenta que desde que comenzó su encarcelamiento había decidido que si ellos lograban que él odiara, habrían ganado. El sabía que si amaba, *él* ganaría; y no había nada ni nadie que pudieran hacer nada al respecto. Esa es el alma. Esa es la fuerza del alma.

¿CÚAL ES TU PROPÓSITO? ¿CÚAL ES TU INTENCIÓN?

Imagínate que te estás preparando para un largo y emocionante viaje. Sabes que vas a explorar territorios nuevos y hasta situaciones inesperadas. Visitarás tierras con diferentes costumbres, diferentes lenguajes y diferentes formas de comunicación. Sospechas, o quizás sabes, que a lo largo del camino tendrás que enfrentar muchas decisiones y elegir entre diferentes posibilidades. Cada elección te llevará por distintos caminos, lo que a su vez te presentará con nuevas elecciones. Por supuesto, llevas todas tus herramientas: mapa y una guía de viaje y sabes como pedir información a los residentes locales. Sin embargo, quizás la herramienta más importante es el propósito de tu viaje. El propósito trabaja como una brújula. Es un punto de referencia constante, que da claridad y ayuda a que las otras herramientas presten un servicio más eficiente.

Sé honesto y permanece presente. Sé abierto y amoroso. Sé creativo e ingenioso. Tú puedes realizar tu viaje como un verdadero explorador y hasta como un científico. Este podría ser el viaje más emocionante que jamás hayas hecho.

Si practicaras la Trascendencia del Alma, busca dentro de ti con la intención de vivir en comunión con tu alma. Ve adentro y práctica armonizar con tus mundos interio-

res. Practica el ir soltando el que todo el foco de toda tu atención sea en este mundo, con todo su glamour e ilusión. Observa qué hay más allá de tus sensaciones físicas y enfoca tu percepción hacia niveles más sutiles. Mantén tu atención puesta en tu respiración, hasta llegar a percibir una presencia en tu interior. Se trata de ti. Permanece alerta mientras viajas a través de tu conciencia interior. Ten siempre presente tu propósito y elige constantemente el amor, la aventura y la expansión.

Respira. Permítete descansar profundamente en el silencio de tu alma. A medida que te embarcas en esta travesía, recuerda que el alma no tiene que ver con el éxito en este mundo. Tu alma viene a tratar de conocerse más profundamente a sí misma y de conocer al Espíritu y a Dios plenamente. Tu alma busca vivir las experiencias propias de su naturaleza divina.

Si conocieras tu alma, te tomarías el tiempo de explorar y practicar hacerte conciente de ese espacio interior donde vive tu alma.

CAPÍTULO DOCE

ATRAVESANDO HASTA LLEGAR AL ALMA— UNA CELEBRACIÓN

Mi experiencia con los ejercicios espirituales se fue expandiendo y profundizando día a día, mes a mes. A menudo me sentía en un estado de plena felicidad. A veces pensaba que ya había experimentado todo lo que estaba a mi alcance. Otras veces, pensaba que había descubierto el cielo y no podía creer que hubiera algo más allá de eso o más grande. Parecía que mi vida aquí era una mera proyección. Sabía que los mundos espirituales eran mucho más grandes de lo que yo jamás me hubiera imaginado. Realmente, sentía que podría pasar el resto de mi vida explorando y desarrollándome en esas dimensiones. Sin embargo, al paso del tiempo encontré que había cada vez más niveles y aún más elevados, esperando ser descubiertos.

Un día, cuando viajaba en el nivel mental, traté de escuchar algún sonido que me pudiera guiar; pero sucedió todo lo contrario. Sólo había un gran silencio, una calma absoluta nueva para mí. Me preguntaba si había llegado hasta donde se podía ir. Había un punto de luz a la distancia, que parecía señalarme el dirigirme hacia allá. Era una luz de color violeta profundo. Ese color ya me era familiar pues lo había visto en los encuentros con mi maestro en mis sueños y en ocasiones al meditar. Decidí seguirla. Permanecí en absoluto silencio y mantuve mi atención fija en ese punto de luz. Entonces, empecé a escuchar una especie de zumbido distante y mi visión interna se llenó con una especie de inmensa matriz, llena de formas y de símbolos que vibraban suavemente. Vi el caos de la creación dentro del plano de la inconciencia. Tenía una apariencia de fluidez maleable. No había nada distintivo. Parecían piezas de un rompecabezas con partes escondidas y mágicas. A veces era un espacio vacío sin fin, rico en potencial, pero extrañamente limitado en su manifestación. Más tarde, cuando tuve mayor experiencia para transitar por estos niveles de conciencia, pude conocer que esta región de la inconciencia es la que separa a todos los demás niveles (físico, imaginativo, emocional y mental) del plano del alma.

Los seres que encontré en el plano del inconciente eran muy raros. Yo decidí llamarles "dobles", ya que eran seres que tenían la apariencia de personas que yo conocía en el plano físico, incluso la mía. De cierta manera eran imágenes falsas, pero parecían sumamente reales. Si yo me relacionaba con ellos como si fueran lo que aparentaban ser, el resultado era muy confuso. Tuve que entrenarme en distinguir hasta las más sutiles energías, para poder discernir este nivel correctamente. Había otros seres, cuyos disfraces simulaban ser una especie de distorsión de cosas que yo conocía. Eran disfraces desechables, que al caer, dejaban ver un nuevo disfraz. Es sumamente difícil poder describir las imágenes de este nivel. Si en alguna ocasión haz tenido algún sueño, lleno de imágenes conflictivas y confusas del inconciente, puedes darte una idea de lo que estoy tratando de describir.

Otra caracteristica de este nivel es su oscuridad. Una oscuridad tan inmediata e impenetrable, que produce una sensación de vértigo y una urgencia de regresarse a un lugar más cómodo y conocido. Ahí, no hay en ningún lugar la más mínima muestra de la magnificencia de los niveles más elevados de esta dimensión. No hay ninguna señal obvia de la perfección del alma. Se percibe muy poco el gozo del alma y el amor puro. La oscuridad prevalece en este nivel del plano de la inconciencia. Lo único que me ayudó a atravesar estas áreas oscuras, fue mi férrea intención de conocer el alma.

A medida que viajaba hacia los planos superiores de luz y de sonido, mi anhelo de realizar la promesa espiritual crecía cada vez más dentro de mí. Mi conciencia del Espíritu y mi relación con maestros espirituales y otros seres inmateriales, también siguió creciendo. Y los recuerdos lejanos se hicieron más frecuentes. Mis ejercicios espirituales y mis viajes a otras dimensiones estaban llevándome más lejos. Simplemente, seguía mi camino hacia adelante. Cuando no podía ver más allá del espacio vacío, que a veces parecía ocupar toda mi conciencia, seguía adelante. Mantenía mi conciencia lo más abierta y en expansión que me era posible. Mantenía mi visión espiritual interna abierta para recibir lo que pudiera llegar. Permanecía atento para poder escuchar. ¿Haz trabajando alguna vez con, digamos, un problema matemático, cuya respuesta no te era clara? Sin embargo, continuaste revisando los números y las operaciones en busca de la respuesta; luego, eventualmente aparece la respuesta y lo que no tenías claro, se aclara. Mi experiencia era algo similar. En mis ejercicios espirituales, en mi conciencia interna, seguía enfocándome en ese vacío con una especie de fe que no siempre aparecería como nada; y luego, cambió dentro de mi conciencia. La separación entre mundos negativos y positivos se fue desvaneciendo y yo continué evolucionando a través del abismo del inconciente.

Mis viajes en las dimensiones espirituales me permitieron darme cuenta que los seres que habitan ahí están sumamente limitados, en su movimiento y en su conciencia, por su incapacidad de recibir y utilizar la energía de la Luz y del Sonido de los planos superiores. Parece formar parte de una lección espiritual esencial. Esto es, que si aceptas restricción, manifiestas restricción; y es igual de válido en este nivel físico. Si no te sientes digno de un buen trabajo, de un sueldo mejor o una relación de amor con tu pareja, tú mismo estas imponiéndote esas restricciones. Cuando crees que eres digno de cosas buenas, te llegan cosas buenas. Creer en ti mismo, es una manera de recibir y de usar la energía de la Luz del Espíritu. En los niveles espirituales, tuve la misma experiencia; cuando me sentía digno de la Luz y el Sonido de Dios, podía avanzar hacia dimensiones espirituales más altas. Cuando me juzgaba y criticaba mi proceso, me bloqueaba y ya no podía mover mi conciencia hacia los niveles espirituales más altos.

Cuado llegué más allá del nivel del inconciente, me sentí inundado de una majestuosa Luz dorada. La Luz del Espíritu puro, la Luz más directa de Dios. En ese momento sentí elevarme más y más. En ese momento, sentí un profundo e inmenso amor dentro de mí y me llené de un increíble gozo. Era como si pudiera escuchar la risa de Dios a mí alrededor, y Su amor me envolvía y abrazaba de una manera absoluta. Supe que había llegado a casa. Me sentí lleno y rodeado de un inmenso esplendor. Me sentía vivo en cada átomo de mi ser. Mi conciencia estaba libre de toda restricción. No había ningún vacío. Era como si estuviera tocando cada esquina del universo. Mi mente recordaba la experiencia del niño que peleaba y reía al mismo tiempo con su amigo. Recordé la risa inundándome, llenándome, protegiéndome con una especie de gracia divina. Y en mi memoria lejana, recordé la unión con mis maestros espirituales. Reconocí ese esplendor por la experiencia que había tenido en vidas pasadas, desde el principio de todos los tiempos. Reconocí, finalmente, que siempre había estado en contacto con mi alma y mi naturaleza divina. Nunca me había separado de ella. Siempre había estado presente, como la mejor parte de mí; era mi risa, mi naturaleza amorosa, mi entusiasmo, mi devoción y mucho más; era esa parte de mí que realmente me gustaba.

A medida que me adentraba más en la dimensión del alma, mi paz se hacía mas profunda. Era como si las aguas de un inmenso océano de amor, lleno de compasión y de comprensión, me estuviera nutriendo y sanando de todos mis dolores, mis heridas y miedos, de todas mis vidas y en todos los niveles de mi ser. Descubrí que es en el alma donde reside la palabra, el Sonido y el aliento de Dios. Las imágenes que utilizo aquí son simplemente metáforas. No es posible transmitir en palabras esa experiencia. Sin embargo, deseo poder darte una cierta idea de mi experiencia en esa dimensión espiritual; más aún, que sepas que tú también puedes experimentar y descubrir por ti mismo estas dimensiones. La absoluta felicidad y paz, el amor y el sentimiento de unión, de conexión y pertenencia que viví ahí, no pueden compararse en nada a lo que había experimentado en la Tierra. Si yo eligiera el momento más hermoso de mi vida y lo duplicara y duplicara, una y otra vez, todavía no estaría cerca. Fue una experiencia de enorme magnitud.

Escuché el más hermoso canto de ángeles y un sinfín de sonidos y voces muy dulces en gran armonía. Escuché los sonidos de flautas tocando sus melodías a Dios. Dejé que toda esa belleza celestial me llenara por completo y dejé sentir cómo me expandían al infinito. Me dejé bañar por la brillante radiación del Espíritu Santo, mientras contemplaba los planos infinitos de Dios. Desde ahí, pude percibir como si una línea de energía radiante se expandiera hacia arriba en una infinidad de colores con una belleza más allá de lo que se puede describir con palabras. Podía ver esa línea de energía tendida hacia mí para llenarme de vida y confirmar mi linaje y mi herencia. Era el cumplimiento de la promesa de Dios de traerme de vuelta a casa y de reclamarme como su hijo. Y supe que era una promesa hecha no sólo para mí, sino para todas las almas, para cada uno de nosotros. Supe que Cristo había venido a mostrarnos el camino para hacerlo más claro. Otros grandes guías y maestros espirituales lo han hecho y continúan haciéndolo. Nos asisten en el despertar de nuestra alma y en la realización de nuestra unidad con Dios, a través de nuestro camino de regreso al hogar divino.

Había encontrado mi camino a la casa de mi Padre-Madre-Dios. Y, como el hijo pródigo que dijo: *"Padre, he pecado contra el cielo y contra ti, y ya no soy digno de ser llamado tu hijo,"* no me sentía digno de recibir la abundancia de gozo y belleza que había descubierto en mi hogar espiritual. En la historia, nada le es negado al hijo pródigo: *"Pero el padre dijo a sus siervos: Sacad el mejor vestido, y vestidle, y poned un anillo en su mano y calzado en sus pies. Traed el becerro gordo y matadlo, y comamos y hagamos fiesta; porque este era mi hijo muerto, y ha revivido; se había perdido, y es hallado".* Y, pese a todo el enojo del hermano mayor, el padre dijo de nuevo: *"Me era necesario hacer fiesta y rego-cijarnos, porque tu hermano era muerto, y ha revivido; se había perdido, y ha sido hallado."* En el Espíritu, yo estaba siendo bienvenido a casa con gozo y amor incondicional. Nada se me había negado. Era como si nunca me hubiera ido. La perfección desde donde yo había comenzado mi viaje, estaba completamente presente. Todos los seres y ángeles de Luz, maestros espirituales y guías con los que me había encontrado durante la travesía de mi alma, se unieron para celebrar mi regreso a casa; nunca había conocido tanto gozo, era más de lo que yo hubiera podido imaginar.

Supe que los planos altos de Luz y conciencia del alma eran mi herencia. Supe que era un hijo de Dios y heredero al reino. A través de lo que yo llamo el caudal audible de Luz, que se extiende más allá de toda manifestación hasta el corazón de Dios, pude tener la vivencia de esa divini-dad que es la herencia espiritual de toda la humanidad. Todos somos herederos de la divinidad de Dios, cada uno de nosotros está hecho a la imagen y semejanza de Dios; nadie está separado de esto. La Luz y el Sonido vienen a nosotros a través de nuestra conciencia de Dios.

Cada uno de nosotros elige seguir o no seguir un camino espiritual. Dios nos ha elegido a nosotros, y nosotros elegimos si elegir o no regresar a Dios. Nosotros elegimos el elegir o no a nuestra alma por encima de las cosas del mundo. El alma está siempre tan cerca como nuestra próxima inhalación. Elegir el alma es realmente algo muy sencillo; es simplemente el elegir constante-mente lo positivo, en vez de lo negativo.

Descubrí entonces, que el alma está más allá de lo físico y de la imaginación; más allá de las emociones y de la mente y del inconciente. Por fin había descubierto la identidad de ese quien dice "mi cuerpo", "mi mente", y "mis sentimientos". El alma—que es sagrada y se ha mantenido sagrada desde la alborada de los tiempos—ha permanecido siempre unida a Dios y en unísono con el espíritu de la creación. El alma es neutral, es la portadora de energía positiva. El destino del alma es llegar a cono-cerse a sí misma, conocer a Dios y al Espíritu, y realizar el regreso a su hogar divino.

El alma está viviendo experiencias en éste y otros nive-les. El alma crece y se mueve hacia una mayor conciencia de Dios, a través de sus experiencias y la aceptación. El alma siempre acepta lo que sucede sin juzgar. El alma acepta sus experiencias en una forma tan sencilla, como es para nosotros el aceptar nuestra respiración.

A través del vehículo del alma es como cada uno de nosotros entra en el plano físico de la Tierra y es a través del vehículo del alma como todos nosotros dejaremos este plano físico de la Tierra. Mientras estamos aquí, expe-rimentamos este nivel y aceptamos eso que es nuestra experiencia. El alma está a salvo y segura aquí, protegida por su propia divinidad permanece conectada a Dios, al Espíritu y a la Luz. A medida que nos sintonizamos con el alma, podemos profundizar la vivencia de nuestra divinidad y unidad, y entonces, atraer hacia nosotros mayor gozo, paz y amor.

Mi práctica diaria de ejercicios espirituales, me reveló que mi alma valora más aquellas cosas que reflejan su propia naturaleza. Veo esto en las expresiones de otras personas, además de las mías. Veo que el alma valora la conciencia de Dios y el Espíritu; valora el amor, la integridad, el gozo y la paz; valora la risa y el sentimiento de familia, de pertenencia. No valora el dinero, ni los autos, ni los esquís o patinetas, ni la televisión o las computadoras; esas son cosas del mundo. Pueden ser herramientas para lograr una meta física, y como tal, son útiles; pero son las que menos conciernen al alma en su travesía al hogar de Dios. Lo que más importa es que el alma se conozca a si misma y que conozca a Dios. Y esto se le logra internamente.

EL ALMA ES GOZOSA. Cuando sientes gozo, tienes una señal segura de que el Espíritu está presente. El alma se sostiene como la polaridad positiva, balanceando los elementos negativos de los niveles más bajos. El gozo es para ser cultivado, es para ser abrazado. Toma un tiempo en tu vida para estar gozoso. Haz lo que te traiga gozo. El gozo te guiará hacia el alma. Despertará al alma y le permitirá expandir sus alas y devolverte su energía positiva, su inocencia, y su conexión con el Espíritu.

Si practicaras la Trascendencia del Alma, te unirías a la celebración porque estás invitado. La celebración está presente en donde encuentres gozo. A veces burbujea desde adentro sin un estímulo aparente. La puedes encontrar en confraternidad con otros. Puedes encontrarla en tu risa espontánea. Anda, ríete a menudo. Sé tonto. Sé bobo. Ve más allá de tus inhibiciones, tus miedos de ser juzgado, tus ilusiones de sofisticación, y permítete a ti mismo jugar en los campos del Espíritu y del Alma. El Espíritu no es sombrío ni estático, es libre y espontáneo. No tengas miedo de la mejor parte de ti. Permite que el "tú" que más te gusta brille para el mundo. Deléitate en ello. Cuando estás feliz, cuando te ríes, cuando eres amoroso el resplandor de tu alma brilla a través de ti y todos se elevan a tu alrededor.

Recuerda: existe un Padre que ama y perdona, quien espera darte la bienvenida y celebrar tu regreso al hogar.

CAPÍTULO TRECE

EJERCICIOS ESPIRITUALES—LAS LLAVES PARA LA TRASCENDENCIA DEL ALMA

Hay una historia que relata que cuando Dios creó nuestro planeta y al hombre, nos hizo una promesa al decir: "Habitaré con mi gente en la Tierra, porque el propósito de la creación es que Dios conozca todos los aspectos de si mismo, en todas sus manifestaciones, incluyendo lo negativo, ya que habrá negatividad en el planeta. Así que, me esconderé en un lugar secreto donde la negatividad no pueda corromper mi Espíritu".

"Caminaré contigo", le dijo Dios al primer hombre, "y siempre estaré junto a ti. Estaré tan cerca de ti, como tu próxima inhalación". El hombre escuchó la promesa y quedó tranquilo. Entonces, Dios se preguntó: ¿Dónde podría estar ese lugar secreto, ese lugar en donde el Espíritu estará siempre protegido de la negatividad del mundo, donde Dios no pueda ser corrompido ni manchado por el mundo?

Primero, Dios pensó que Él podría esconderse en la cima de la montaña más alta del mundo; pero luego pensó que el hombre seguramente lo podría encontrar allí. Dios ya sabía que el hombre sería muy ingenioso e inteligente y también astuto. Dios pensó que, en el momento en que el primer hombre lo descubriera en la cima de la montaña, podría explotar su descubrimiento y utilizarlo en contra de otros. Así que Dios pensó que quizá se podría esconder en el fondo del más profundo océano; pero de nuevo, Él supo que los recursos del hombre y su ingeniosidad eventualmente lo encontrarían allí; y nuevamente temió que el descubrimiento podría ser utilizado para desventaja de otros. Entonces Dios tuvo una brillante idea: pensó que podría esconderse a sí mismo dentro de cada persona; no en un lugar físico, sino dentro del corazón espiritual del hombre, en el centro de su amor y compasión. Dios supo que el último lugar en donde el hombre buscaría a Dios, sería dentro de sí mismo. Supo que, si el hombre tenía el ingenio y la perseverancia de buscar dentro de sí, podría valorar mejor su descubrimiento y lo guardaría en un lugar seguro, lejos de aquellos que quisieran corromperlo o denigrarlo.

Al tener que tratar con las experiencias aquí presentes es muy fácil perder el contacto cercano a Dios en este planeta. Las personas han buscado a Dios por millones de años y Dios ha permanecido inmaculado y a salvo dentro de cada ser humano.

Mi travesía espiritual—interna y externa—siguió adelante y fui conociendo nuevos guías espirituales que me ayudaron a seguir ascendiendo a niveles más altos de la conciencia; así mismo, la práctica de mis ejercicios espirituales me acercó al lugar donde Dios habita dentro de mí. La práctica de mis ejercicios espirituales me permitió descubrir que el alma anhela expresarse activamente y ser reconocida. Un día, fui a visitar a un hombre que había sido mi guía. Cuando llegué, él estaba hablando con sus estudiantes, y al verme, me invitó a que me sentara en su silla y que compartiera algunas de mis experiencias con sus discípulos. De momento no me vino ninguna idea; así que les dije la verdad: "No tengo nada que decir". En ese momento, vi que algo empezaba a brillar en el salón y que la energía estaba cambiando. De pronto, sentí la presencia del Espíritu. Descubrí que algo más que yo estaba presente y que los estudiantes iban a poder sentirlo, sin importar lo que yo dijera. Siendo así, conté un buen chiste y todos se rieron a carcajadas. Comprendí que, ese día, mi papel ahí era ser un cómico. Mi ego hubiera preferido dar una bella cátedra llena de sabiduría sobre la divinidad. Sin embargo, elegí ser congruente con mi vivencia interna. Fue una elección muy buena. Me permitió permanecer sincronizado con la verdad de ese momento, sin tratar de controlar la situación o hacer de ella algo que no era.

En otro momento, mi maestro espiritual me invitó a responderles preguntas a sus estudiantes. Esta vez, como ellos hacían sus propias preguntas, yo respondí de acuerdo con mi nivel y mi capacidad. Fue sencillo ya que mis respuestas venían desde mi propia experiencia. Si no había tenido experiencia sobre lo que preguntaban, simplemente les respondía que no sabía. No tenía que ser un experto, sólo necesitaba compartir lo que sabía.

La pregunta que escuché una y otra vez con diferentes palabras era: "¿Cómo logro conectarme conmigo mismo?" "¿Cómo puedo descubrir y reconocer quien soy?" "¿Existe algo más que el cuerpo físico, que la mente y las emociones?" "¿Por qué necesito experiencias de dolor, tristeza, sufrimiento y separación?" "¿Por qué no puedo conocer a Dios y ser feliz? Es la misma pregunta que me siguen haciendo hasta la fecha. Es un interrogante que todos tenemos y que articulamos en distintas formas. La respuesta que tenía entonces es la misma que tengo hoy en día. Simplemente es que necesitas estar sumamente quieto para que puedas escuchar la vibración de tu propia alma. No hay nada que *hacer*. No hay nada externo a ti que necesitas saber. Simplemente, escucha la parte de ti que dice: "Yo soy lo que soy". Esa parte nunca dejará de ser. No tendrá un cuerpo ni podrá pensar ni sentir nada. No utilizará ningún abrigo o disfraz. Es lo que es, nada más, nada menos. Es divina. Es la chispa de Dios. Es lo que tú realmente eres, en este nivel y en todos los otros niveles. Es el alma.

Todos experimentamos el alma de tiempo de tiempo. La mayoría de nosotros no sabe lo qué es el alma; no se nos ha enseñado cómo reconocerla y la pasamos por alto. Algunas cualidades del alma son: alegría, amor, entusiasmo, libertad y paz. Tú has sentido el movimiento de tu alma. Permíteme recordarte algunos de los momentos en los que pudieras haber sentido la vibración de tu alma. Puedes haberla sentido el día de tu matrimonio, en el momento cuando tú y tu ser amado se presentaron ante la familia y amigos y se comprometieron a amarse mutuamente. Pudo haber sido en un momento en que sentiste un amor muy puro o una sensación de perfección; pudo ser cuando sentiste una esperanza sin límite y la promesa de una felicidad que jamás habías conocido. O quizás, fue durante una boda, y al sentir el amor y la felicidad de los novios, quizá lloraste un poco; porque algo de ese amor y esa belleza te tocó, te movió e hizo vibrar a tu alma. A veces, no sabes porqué lloras en los matrimonios y la razón es que hay un cierto sentimiento en el ambiente, que resuena dentro de ti cuando lo percibes. Tu alma responde por un momento, y entonces, el amor, la esperanza y la felicidad te hacen vibrar y sientes una renovación interna.

¿Te acuerdas de eso que frecuentemente decimos cuando nos enamoramos? "No lo pude evitar". Es algo muy cierto. En ese momento, cuando el alma observa el reflejo de sí misma en otro, cuando mira al amor, a la belleza y percibe la esperanza y la felicidad, le es imposible no responder. No puede evitar tener la vivencia de amar. Con frecuencia, el despertar del alma empieza cuando el alma se reconoce a sí misma en otro ser. Este despertar a veces empieza al conocer a un maestro espiritual que está despierto a su propia alma, y a la tuya. O simplemente, cuando ha llegado su tiempo de despertar y de pronto escucha a Dios que le pregunta: "¿Cuándo regresas a casa?".

A veces, cuando una nueva madre o padre observan a su bebé, sienten una vibración al experimentar el despertar de su alma. Sus almas observan algo de tantísimo valor en este ser que no pareciera ser de este mundo. Es como si al contemplarlo, sus almas le dieran un rápido vistazo a la eternidad en su bebé y respondieran con felicidad. La mayoría de las madres y los padres se enamoran locamente de sus hijos. Casi siempre, es un amor que trasciende a todas las otras formas de amor terrenal. Es de gran pureza y de una calidad incondicional que proviene del alma y de Dios. El amor de un padre por su hijo es el que más se acerca a la forma en que Dios nos ama, incondicionalmente, a cada uno de nosotros.

Otra experiencia de la vida que a menudo nos hace pedir la presencia del alma, es cuando un ser amado está próximo a la muerte. Cuando una persona se acerca al momento en que abandonará este mundo físico, el alma se vuelve más activa, más presente y se prepara para el próximo paso de su travesía. Y todos los que están cerca son tocados por la mágica sensación de estar en un espacio sin tiempo. Muchas de las preocupaciones cotidianas pasan a segundo término, y podemos percibir cómo la esencia de cada persona se hace presente en forma de apoyo para otros. Las conciencias están más elevadas. Las personas sienten una fortaleza tal, que les permite expresar cosas que nunca pudieron decir. Los sentimientos heridos se desvanecen al afrontar cosas de mayor trascendencia. La esencia del amor puede hacerse presente barriendo con todo lo demás. A veces, la persona que se está muriendo tiene experiencias trascendentes y podría ver luces o sentir que se está dirigiendo hacia la Luz. Podría escuchar sonidos armónicos, violines y diferente tipo de música o sonidos. Muchas veces, mencionan la belleza que perciben "en el otro lado" y la paz que están sintiendo. Las personas que están cerca de ellos, amándolos, son tocadas por la cercanía del alma que está vibrando y que bien podría ser el despertar interno de sus almas.

Estas son experiencias muy poderosas y difíciles de olvidar. Quizás haz tenido experiencias semejantes, de tipo trascendentes y que te permitieron vislumbrar algo mucho más grande que lo que percibes normalmente en tu vida diaria.

Creo que es claro que existe algo más allá de la experiencia que llamamos vida; algo más que ir al trabajo, pagar las cuentas, lavar los platos y arreglar a los niños para ir al colegio. Pienso que sabemos que somos algo mucho más que nuestra personalidad y nuestro ego; algo más que nuestras emociones y cuerpo. Tengo la impresión de que es obvio para la mayoría de nosotros, que existe algo más y que ese "más" es parte de la experiencia de todos, de alguna manera y en alguna forma. También creo que muchos de nosotros anhelamos ese "más" que sólo experimentamos de vez en cuando. Creo que anhelamos enamorarnos y experimentar esa elevación de conciencia y sensación de estar vivos que nos proporciona el "estar enamorados". Pienso que anhelamos experimentar el gozo que sentimos, cuando observamos a un hijo o a una hija dar sus primeros pasos; o cuando experimentamos amor por una persona especial, o sentimos la dulzura del amor y apoyo de nuestra familia a medida que alcanzamos nuestros logros. Esa sensación de "todo está bien en el mundo" que experimentamos de vez en cuando, al observar la belleza de una hermosa mañana de primavera cuando, por alguna razón, todo está en su lugar y parece perfecto. Tenemos esas experiencias una que otra vez, pero no todos los días. A veces parecen evasivas, distantes e inalcanzables. Tal vez, esto se deba simplemente a que no les prestamos ninguna atención en nuestra vida diaria. Creo que los ejercicios espirituales son la clave para encontrar más de estas experiencias del alma en nuestro diario vivir; definitivamente, lo han sido para hacerme plenamente conciente de mi alma.

El alma es nuestra verdadera esencia. Es divinidad dentro de ti, dentro de mí y dentro de todos. Cuando vibra por un momento en nuestro interior, es como un destello que nos permite saber que existe una realidad mucho mayor a nuestra realidad física y sentimos una sutil presencia. Sentimos la presencia del Espíritu. A veces la energía de este tipo de experiencia es tan intensa, que te sirve de sostén por muchos años. Mis maestros espirituales tenían la vivencia de su divinidad. Ellos se despertaron a sus almas y era lo que deseaban enseñarme a mí y a otros. Realmente, es imposible enseñar acerca del alma ya que su esencia no se puede aprender, solamente se puede atrapar. Esa es la razón por la cual, los guías espirituales a menudo parecen hablar tonterías. Están tratando de comunicar, impartir algo sobre una esencia que está más allá de las palabras, más allá del pensamiento, más allá de los sentidos de nuestro mundo.

JOHN-ROGER HA COMPARTIDO MUCHAS DE LAS CLAVES para poder tener la vivencia de tu alma y para poder expandir tu conciencia de tu alma. Hay palabras que repite, cuando habla sobre el alma; palabras como: amor, gozo, inocencia, bondad, libertad, paz y agradecimiento, *ya que son claves que nos señalan el camino del alma. Habla de la importancia de tener una intención clara donde apoyarse para continuar con su propósito de alcanzar la Trascendencia del Alma. Ha descrito las técnicas que utilizó para hacer sus exploraciones más metódicas, prácticas y funcionales para él y para otros.*

Podría ser útil llevar un diario personal para llevar un registro de tus experiencias del alma. Úsalo para recordar los métodos y procedimientos que funcionan para ti, en tu travesía de regreso a casa. Lleva un registro tus momentos de trascendencia, amor y gozo. Úsalo como inspiración, cuando te sientas decaído y sin motivación para elevarte.

Escribe tus oraciones en tu diario. Escríbele cartas a tu alma. Quizás, puedas incluir en tu diario los dibujos que tus hijos te regalan, tarjetas de tus seres amados y fotos que atesoras. Será un diario para tu alma y te mantendrá alerta a esos momentos en los que reconoces tu alma en su belleza y resplandor.

Podrías comenzar por practicar ejercicios espirituales, tomándote un tiempo para estar quieto e ir más allá de los confines de tu cuerpo físico, mente, emociones y descubrir lo que yace más allá. Podrías rezar, meditar o leer frases inspiradoras. Podrías escuchar el CD anexo a este libro, "Viaje Interior a Través de los Planos del Espíritu".[2]

Si practicaras la Trascendencia del Alma, podrías explorar las formas en que puedes practicar tener conciencia de tu alma y Espíritu. Los ejercicios espirituales, en sus variadas formas, son la llave que abren las puertas hacia la experiencia del alma.

CAPÍTULO CATORCE

RESPONDIENDO QUE SÍ AL ALMA Y AL SERVICIO

¿Será posible, que cuando Dios creó a la humanidad, Su intención haya sido la de que tuviéramos felicidad y alegría en tal medida, como jamás pudieramos haber soñado? Yo creo que la respuesta es *afirmativa*. ¿Si tenemos una chispa de lo divino dentro de nosotros, si somos de Dios, acaso no son todas las cosas posibles? Nuevamente pienso que la respuesta es un *sí* contundente. Así que, mejor deberíamos preguntarnos: ¿Cómo podemos despertar de forma conciente el alma dentro de nosotros, para que voluntariamente palpemos ese extraño, hermoso y vivo sentimiento; esa sensación de trascendencia de pertenecerle a Dios y no a este mundo?

Durante mis ejercicios espirituales, seguí descubriendo muchos patrones de causa y efecto oscuros para mí hasta entonces. Muchas de mis preguntas sobre el universo y la humanidad, o sobre mí y los demás, recibían respuesta inmediata casi antes de terminar de formular la pregunta. Guías en este nivel físico me ofrecieron enorme sabiduría, que coincidía con experiencias de aprendizaje de los niveles interiores y al recuerdo de situaciones lejanas.

Conocí las cualidades de la Luz y el Sonido en aquellas dimensiones en donde son más palpables. Yo podía ver la Luz espiritual allí. Los seres que conocí en mis viajes espirituales *eran* Luz, y emanaban Luz. Descubrí que aquí en el planeta físico, reflejamos luz. No viene de adentro. En las dimensiones espirituales, la Luz viene de adentro. Yo podía escuchar el Sonido del Espíritu en los otros niveles y podía llevarlo y hacerlo resonar dentro de mí. Descubrí que cuando la Biblia dice: "En el principio era el verbo", verbo—o palabra—se refiere al sonido de Dios. Luz y Sonido son elementos básicos de la creación.

La Luz y el Sonido de Dios están presentes en el mundo físico; aunque son más difíciles de percibir por haber mucha luz de naturaleza más ordinaria y sonidos más estridentes. La Luz y el Sonido de Dios son sumamente sutiles, por lo cual es difícil percibirlos. Pero si te sientas y creas un estado de quietud interna, podrás ver la Luz y escuchar el Sonido y descubrirás que son de una calidad diferente a los del mundo físico. Muchos grupos espirituales en el Oriente, buscan la vivencia de la Luz y del Sonido en sus meditaciones. En el Salmo 23 de la Biblia (Versión del Rey Jaime) dice: *"Tu vara y tu cayado me infundirán aliento"*. Creo que esto hace referencia a la Luz y el Sonido. Vara y cayado: Sonido y Luz.

A medida que practicaba mis ejercicios espirituales, no sólo viajaba dentro de otras dimensiones y buscaba tener conciencia de otros niveles, sino que también practicaba traer más Luz y Sonido hacia el mundo físico. Practicaba traer la Luz y el Sonido a mi cuerpo para ver qué podía suceder. Descubrí que mientras más lo hacía, tenía más amor y estaba más calmado, en paz y centrado. Aprendí a poner la Luz delante de mí al conducir mi auto y me sentía muy protegido. Aprendí a poner la Luz delante de todas y cada una de mis actividades cotidianas. Descubrí que es crucial pedir la Luz siempre *para los más altos fines de todos los involucrados*. La Luz como les he comentado, es una herramienta espiritual muy poderosa. No debe utilizarse como una forma de manipulación o para logros personales. Utilizarla "para lograr que las cosas se hagan a mi manera" puede tener consecuencias muy negativas. Cuando pedimos que sea "para los más altos fines", nos recuerda que el Espíritu sabe que es lo mejor y lo más conveniente y la mejor manera para que se manifieste. Los seres humanos podemos hacer un mal uso y hasta abusar de las herramientas del mundo físico, y podemos tratar de manipularlas a nuestro antojo y ventaja. Sin embargo, no podemos hacer lo mismo con las herramientas del Espíritu. No podemos manipular y abusar la Luz y el Sonido. El mero intento, nos haría retroceder enormemente en nuestra evolución personal.

Aprendí que podía pedir que la Luz estuviera presente en algún lugar físico, y que me ayudara a traer equilibrio a ese lugar. No era muy diferente a lo que veía durante mis viajes a las dimensiones espirituales, cuando observaba una maravillosa Luz verde esmeralda, rodeando a la tierra para brindarle curación.

Descubrí que poner la Luz en ciertas áreas, era más efectivo cuando estaba físicamente presente. Me parecía importante llevar la conciencia de Luz a ciertos lugares y en ciertos momentos; y pasé algún tiempo viajando físicamente a través de los Estados Unidos, para hacer este tipo de trabajo.

Una noche, paré en un pequeño pueblo del Medio Oeste. Había manejado la mayor parte del día y anhelaba sólo llegar a cenar y descansar. Saqué de mi maleta unos pantalones para ir a cenar y saqué también una plancha de viaje para plancharlos. Me senté en la orilla de la cama a esperar que la plancha se calentara, y de pronto, las luces empezaron a parpadear; o quizás, algo desde afuera reflejaba una luz parpadeante hacia adentro de la habitación. Lo que haya sido, era extraño. Al principio pensé que podían ser las luces de un auto; pero me di cuenta que las ventanas daban hacia el patio interno. Entonces, pensé que quizás venía de alguna habitación que tenía la puerta abierta. Pero de nuevo me di cuenta que no había suficiente actividad en el patio interior. De manera que decidí ignorarlo. Bajé un poco la cabeza para concentrarme en el pantalón al plancharlo y de repente, tuve la más extraña sensación en todo mi cuerpo. Cuando levanté la cabeza y miré hacia adelante, vi una rara formación de Luz sobre la puerta. Creí que mis ojos estaban cansados y me estaban jugando algún truco. Lo que yo estaba viendo, era una Luz resplandeciente que empezaba a configurar una imagen. Esa área de la habitación, cerca de la puerta, parecía que estaba parpadeando con una Luz resplandeciente. Yo podía sentir una energía, una presencia, que era más que solo una Luz parpadeando. Me sentía hipnotizado. Era una experiencia parecida a las que había sentido en otras dimensiones, pero nunca lo había experimentado en el nivel físico, con los ojos abiertos y en plena luz del día.

De repente, la luz resplandeciente y parpadeante se hizo más y más definida, y se empezó a configurar la imagen de un hombre que parecía estar de pie, justo enfrente de la puerta. Me es imposible poder describir con palabras la magnificencia de aquella imagen. Era radiante, emanaba Luz, esplendor y un gran poder. El aire se sentía cargado, vivo; estaba brillando de energía pulsante. Yo estaba anonadado, perplejo y temblando. No estaba seguro quién o qué era, pero no tenía la sensación de peligro, no tenía miedo, no sentía ninguna cosa malévola. Yo ya conocía seres de enorme esplendor del Espíritu que existen en planos no-físicos; pero nunca se me ocurrió que se pudieran materializar en una pequeña habitación de hotel en el Medio Oeste de los Estados Unidos. Sentí una profunda humildad ante la aparición de un ser como éste. Esta figura comenzó a moverse hacia mí y vi que estaba flotando, no caminando, a través del espacio. En el momento mismo en que lo pensé, posó sus pies suavemente sobre el piso. Con lo que supe que él reconocía mis pensamientos. Sentí que no había ninguna separación entre nosotros. Avanzó hacia mí y puso sus manos sobre mi cabeza, y por unos minutos, pensé que mi cabeza iba a explotar. Era insostenible. Era atormentador. Era maravilloso. Parecía que toda la energía que fluía a través de este ser, estaba vertiéndose dentro de mi cabeza. Era más de lo que yo podía soportar; y sin embargo, podía haberme sostenido en ello eternamente.

No hablaba con palabras pero me dijo cosas que podía hacer para traer mayor energía espiritual al plano del mundo físico y a las personas de la Tierra. Me mostró cómo podía ser de mayor servicio para el bien de los hombres y mujeres, en todas partes. Me mostró lo que sería mi trabajo en la Tierra, y cómo podría compartir mi propia experiencia con otros, y asistirlos en su despertar al Espíritu y a su propia divinidad. A medida que me mostraba las posibilidades y el potencial, había también algunas preguntas: ¿Estaba yo dispuesto a llevar a cabo estas cosas? ¿Estaba yo dispuesto a apartarme de mis preocupaciones y metas personales y a caminar este nuevo camino que se estaba abriendo ante mí?

En mi corazón respondí que sí a todo. En ningún momento sentí la menor duda. A medida que se comunicaba conmigo, sentí que todas mis preocupaciones, miedos e inseguridades simplemente se disolvieron. Pude observar mi nuevo camino con toda claridad, y desde donde yo estaba en ese momento, se veía fácil. Así que le respondí afirmativamente a todas sus preguntas. No era nada dramático. No lo percibía como gran cosa. Era muy sencillo. Y cambió mi vida para siempre. A medida que mi alma—la cual ya sabía que era la esencia de mi ser—abrazaba a este ser de Luz y de una magnificencia indescriptible y recibía su mensaje, su dirección y su hermandad, se dió vuelta y se deslizo hacia la puerta y desapareció. En ese momento, me sumí en un profundo sueño. Hasta hoy, no estoy seguro si realmente lo vi desvanecerse antes de dormirme o si caí dormido antes de que desapareciera por completo. De cualquier manera, sólo me derrumbé y me quedé dormido al instante.

A la mañana siguiente, desperté justo donde me había quedado dormido, tirado sobre la cama. Al principio, no recordaba nada del suceso de aquel atardecer. Me preguntaba porqué mis pantalones y mi camisa estaban arrugados y porqué yo tenía ese aspecto tan desalineado. Me di cuenta que debí haberme quedado dormido y supe que no había cenado. Entonces, recordé a este maravilloso ser de Luz que se me había aparecido; recordé la comunicación y recordé el inequívoco "sí" a todas sus solicitudes. No sabía si pensar en las implicaciones de la visita o pensar en la plancha que sabía que no había desconectado. Inevitablemente, pensé en la plancha primero (los hábitos físicos son tenaces), pero descubrí que estaba fría al lado de la cama; pensé en la probabilidad de que se hubiera quemado la resistencia. Me paré y comencé a organizarme para el día cuando, de repente, el vapor de la plancha comenzó a funcionar de nuevo. ¿Señal de que los eventos de la noche anterior no fueron mi imaginación? ¿Coincidencia? No lo sabía.

Gradualmente, comencé a pensar en mi experiencia de las luces parpadeantes, el ser de Luz radiante, su mensaje y el compromiso que yo había hecho. Una parte de mí pensó que había tenido la más increíble experiencia espiritual y mi mente—siendo mi mente—todavía se preguntaba si estaba alucinando o si quizás había soñado estas cosas. Sin embargo, en lo más profundo de mí ser, dentro de mi corazón y en mi alma, experimentaba algo más que lo que una mera alucinación o un sueño pudieran producir. Se estaba produciendo un cambio dentro de mí. Sentía como un mayor despertar, podía percibirlo, podía sentirlo. Nacía dentro de mí una sensación de claridad, de realización y toma de conciencia, de que había mucho más en este mundo y en el universo, de lo que jamás me hubiera imaginado. Comprendí inclusive, que las experiencias espirituales que había tenido hasta ese punto eran, quizás, sólo el principio. Parecía que iba a haber mucho más.

La noche anterior había tenido un encuentro con un ser espiritual de una magnificencia increíble, radiante y majestuoso. A la mañana siguiente, sentí dudas, confusión, regocijo, certeza, cambio y un nivel de realidad mundana y cotidiana. De manera que, en ese estado de confusión y claridad, partí al siguiente pueblo, la siguiente parada de mi travesía de verano, a través del corazón de América.

Estaba lloviendo intensamente y tuve que manejar despacio. Tenía el compromiso para hablar a un grupo de personas esa noche, en un pueblo a cientos de millas de donde yo estaba, y a esa velocidad no creí que podría llegar a tiempo. Estaba tan cansado que pensé que no iba a poder mantenerme despierto sobre el volante, sin antes parar. Se me ocurrió que, si podía conseguir que alguien manejara mi auto, me sería de gran ayuda. Iba por una autopista y estaba lloviendo. Vi a un hombre parado bajo un puente. Deseaba que fuera alguien pidiendo un aventón y no que estaba esperando el autobús. Cuando me acerqué, percibí su dedo para arriba; así que viré hacia la orilla y me paré, abrí la puerta y lo primero que le pregunté fue: "¿Sabes manejar?" Me dijo que sí, y yo le dije: "Entonces sube y tú manejas". Dio la vuelta, caminó hacia el asiento del conductor. Le dije: "Me alegra haberte encontrado, pues estoy muy cansado". Sin más rodeos, le dije a donde iba y él me respondió que era cerca de su destino. Le dije: "Eres como caído del cielo". Entonces, justo dirigí mi mirada hacia sus zapatos, que eran negros, estaban brillantes y secos. Observé su ropa y también estaba seca. Pensé que era extraño, considerando lo mucho que estaba lloviendo. Pero no quise hacerle preguntas, pues lo único que quería era dormir.

Cuando desperté, el sol estaba brillando, se había aclarado el cielo y yo me sentía descansado y renovado. Mi compañero dijo: "Me voy a bajar antes de llegar a la ciudad"; y en unos pocos minutos, paró el auto, salió de él y se despidió de mí. Observé que estaba muy cerca de la ciudad donde yo había acordado dar la charla esa noche. Miré mi reloj y eso me confundió; consideré que quizás habríamos cruzado alguna zona de cambio de hora o algo por el estilo. Luego, observé mi odómetro y pensé que si tanto éste como mi reloj estaban en lo correcto, entonces habíamos viajado aproximadamente 350 millas en tres o cuatro horas nada más. Me pregunté si nos habríamos parado por gasolina y se me ocurrió preguntarle; pero cuando me dirigí hacia él, ya no estaba allí. Salí del auto y miré hacia arriba y hacia abajo de la avenida; todo lo que vi fueron campos de trigo. Me subí al techo del auto y lo busqué con mis binóculos pero no había nadie por allí. Retrocedí mi auto unos treinta metros, y aunque la avenida estaba cubierta de lodo, no había pisadas, no había huellas. No había nada que pudiera indicar que un hombre había caminado por allí. Pensé en sus brillantes zapatos negros y su ropa seca, y surgieron preguntas dentro de mí.

Manejé hasta la ciudad y llegué esa noche con bastante tiempo para mi compromiso. Pensé en todos los eventos de las últimas veinticuatro horas. Supe que estaba viendo manifestarse, en el mundo físico, una transferencia de muchas de las cosas que había experimentando en otros niveles de mundos más elevados. El Espíritu, la Luz, el amor y el sentimiento de unión que había experimentado en las dimensiones no-físicas, no estaban separadas de este nivel. ¿Qué significaba esto para mí? ¿Y en realidad, a qué le había dado el *sí*? ¿A qué me había comprometido con ese ser espiritual radiante que apareció en mi habitación? Representaba un compromiso no sólo con mi propio viaje de regreso al hogar de Dios, sino el de asistir a otros, de cualquier forma que pudiera, en su camino de regreso a Dios. Significaba compartir mis experiencias con otros y compartir la verdad con otros, en la medida que la percibía. Significaba amar con toda mi capacidad a las personas, a todas las personas. Significaba dejar de utilizar excusas para no amar. Significaba ir más allá de excusas como "estoy muy cansado", "no tengo tiempo", "no puedo hacer eso", "pareceré un ignorante", si había una oportunidad de poder ayudar a mis semejantes. Significaba ser verdadero conmigo mismo, con mi alma con el Espíritu, y con Dios, como lo conocía. Significaba amor incondicional. Una parte de mí estaba entusiasmado y otra, realmente asustado.

SI PRACTICARAS LA TRASCENDENCIA DEL ALMA, mantente abierto al Espíritu que se presenta en tu vida. Nunca sabes la forma que puede tomar. A veces toma la forma de tu esposo o esposa, otras veces la forma de tu jefe o tu mejor amigo; y en algunas ocasiones, una forma sobrenatural que es, inconfundiblemente, de una dimensión que no pertenece a la Tierra. Existen maestros y ángeles de Luz, que comparten el espacio físico con nosotros. No los vemos a menudo pero, si ponemos atención, podríamos percibir su presencia.

Puedes cultivar la presencia del Espíritu en tu vida, enfocando tu atención en la Luz del Espíritu Santo y utilizando la Luz en tu vida diaria. Toma el tiempo de rezar cada día para que la Luz te rodee, llene y proteja. Una buena idea es pedir siempre todo "para el mayor bien"; de esta manera, te estás alineando con la voluntad de Dios, en lugar de con tu limitada perspectiva. Envía la Luz a toda tu familia, a aquellos que amas, a tu comunidad y al mundo. Envía la Luz a las situaciones difíciles. Pídele al Espíritu que te asista en todo lo que hagas. Haz de la Luz y de Dios, tus socios.

Si conocieras tu alma, practica el estar al servicio del Espíritu mayor. Y da el sí cuando la Luz te guíe a hacer esas cosas que te elevan, te dan esperanza o que son para prestar *ayuda. Cuando el Espíritu te pida extender tu bondad y consideración a otro ser humano, di que sí. Cuando se te presente la oportunidad de experimentar la profundidad de tu alma, di que sí. Dale el sí a tu alma y ella te guiará de regreso a casa.*

Si conocieras la Trascendencia del Alma, está dispuesto a servir.

CAPÍTULO QUINCE

GUIANDO EL CAMINO A CASA

Era irrefutable que el universo consistía en mucho más que lo que yo, o alguien más, pudiéramos percibir solamente con los sentidos físicos; que había dimensiones espirituales que trascendían el plano terrestre. Las experiencias de mi niñez apoyaban esta idea y ciertamente, las experiencias que yo estaba viviendo como adulto, al igual que lo hacían los Ejercicios Espirituales. El hecho de ver seres de otras dimensiones materializarse en este nivel lo hizo mucho más evidente. Podemos encontrar infinidad de material histórico y literario, en todas las culturas y a través de los tiempos, que apoyan ideas e ideales espirituales. Muchas de las mentes más brillantes que la humanidad ha producido han discutido la existencia de Dios o de un ser supremo de algún tipo. Y por supuesto, existe la Biblia, el Corán, el Bhagavad Gita y otros magníficos libros y relatos de grandes maestros y sus milagros, todos los cuales incluyen cuentos y leyendas del Espíritu, de la Luz y de Dios. En el mundo occidental, tenemos la tendencia a pensar que los grandes sucesos espirituales ocurrieron en el pasado y que no son parte de la realidad de hoy. Y aún si pudieran ocurrir hoy, dudaríamos que pudiera sucederle a una persona común y corriente. ¿Pero, qué sucede si esto no es verdad? ¿Si cada persona—aquí mismo, ahora, hoy—resulta que es un ser divino? ¿Qué si, el alma que reside profundamente dentro de cada persona, despierta y se reconoce a sí misma y a su propia naturaleza? ¿Y si las habilidades de Jesucristo, de Buda y de Mahoma y otros grandes maestros, no son sólo mitos y cuentos, sino experiencias que hablan de una realidad mayor que está igual de disponible hoy como lo estaba en tiempos antiguos? ¿Qué si, la realidad de Dios es hoy la misma que ha sido siempre? Mi experiencia del Espíritu abrió mis ojos a muchas posibilidades de lo que puede suceder aquí. Abrió mis ojos a millares de posibilidades que están disponibles para todo el que elija un camino más alto, para quien elija el alma. Todo lo que alguna vez ha estado disponible a través del Espíritu para la humanidad, está disponible ahora y para todos. Nunca estamos realmente separados de nuestra naturaleza divina. Podemos pretender lo contrario, pero también podemos reclamar nuestra herencia espiritual en cualquier momento y volver nuestros pies hacia casa.

Descubrí que, a medida que viajaba más en los niveles espirituales y aprendía más sobre el Espíritu y Dios, me sentía menos conectado a mi vida física y al trabajo con el que me ganaba el sustento. Encontré que mis rutinas cotidianas, establecidas previas a lo que llamo mi despertar espiritual, no tenían ya la misma relevancia que antes. Sin embargo, lo que hacía físicamente como rutina, me resultaba familiar y me daba comodidad y un sentido de seguridad. Esto incluía dinero y seguridad económica, así como una identidad personal, ciertos socios y colegas y cierto nivel de experticia en el trabajo. Sin embargo, sabía que esto no era todo lo que debía hacer con mi vida. Sabía que debía marcharme y hacer otras cosas en este mundo. Sabía que no podía ignorar la promesa que hice a ese ser de Luz aquella noche. Una parte de mí, quería adelantarse y abrazar lo nuevo—nuevos retos, oportunidades y posibilidades—pero la otra quería quedarse con la comodidad y la seguridad de lo conocido.

Por un tiempo, traté de combinar las dos y hacer que funcionara de alguna forma. Traté de reclamar lo nuevo sin renunciar a lo viejo. Eso no funcionó muy bien. Cada vez estaba más insatisfecho con lo viejo, y comenzaba a entender que tenía que soltar mis viejos patrones de vida para poder reclamar propiamente lo nuevo.

Empecé a considerar el precio que tendría que pagar para salir adelante y dejar lo que estaba haciendo y tener la libertad de hacer el trabajo que claramente era parte de mi promesa espiritual y el destino de mi alma. No sabía cuál sería el precio. Me pregunté si sería ser pobre o estar imposibilitado para ganarme un sustento. No sabía si mis colegas me excluirían o qué pensaría mi familia y amistades. ¿Me pondrían sobrenombres o no me invitarían a nada, nunca más? No sabía cuál sería el precio. Y por un buen tiempo no deseaba saberlo.

Sin embargo, la sensación de propósito crecía más y más dentro de mí, hasta que se me hizo imposible ignorarla. Reconocí que esto era algo que iba a hacer, sin importar el precio. Me daba cuenta de lo mucho que el Espíritu se estaba avivando dentro de mí, y las experiencias que mi alma estaba manifestando eran más dinámicas y poderosas. Mi promesa a los seres de los planos espirituales era tan apremiante que, en comparación, las preocupaciones de este mundo se iban desvaneciendo. Sabía ya, que lo iba a hacer cualquiera que fuera el precio; podía ser destierro, humillación o la muerte misma, dejaría lo que estaba haciendo en la Tierra para comenzar a enseñar sobre el Alma, el Espíritu del hombre, el Espíritu de Dios y la Luz que somos todos. Sabía que era mi destino, no podía negarlo ni ignorarlo. De muchas formas había "regresado a casa", a Dios; tanto en este nivel físico como en mis niveles espirituales.

A medida que practicaba ejercicios espirituales, experimentaba una sensación de profunda paz, bienestar y felicidad, las mismas que a menudo acompañan el "regreso a casa". Había abundante gozo y sensación de pertenencia a Dios presentes conmigo casi todo el tiempo. Estaban disponibles para mí en cualquier momento que me enfocara en ello. En mis viajes espirituales, regularmente me permitía flotar hacia arriba, hacia el plano del alma, en donde la Luz y el amor son realidades tangibles y los dulces sonidos del Espíritu llenan toda la conciencia. Realmente, sentí que luego de eones de separación y soledad, había regresado a casa. Y a través de mi compromiso al gran

Espíritu, sabía que tenía la oportunidad de asistir a otros a encontrar su camino al hogar del Espíritu dentro de si mismos, a sus almas y a su origen divino.

Nunca había hablado mucho con nadie sobre mis experiencias a ningún nivel y ciertamente nada, sobre los niveles espirituales. Me había mantenido reservado y me era suficiente ganar el conocimiento y experiencia como parte de mi crecimiento y expansión. Estos eran espacios sagrados para mí, experiencias sagradas. ¿Cómo podría compartirlo? ¿Qué compartiría? ¿Quién me creería? ¿Quién estaría interesado? ¿Sobreviviría al escrutinio de otros? ¿Se probarían mis experiencias como ciertas? ¿Sería ridiculizado? La verdad es que, realmente, no importaban las respuestas. Me di cuenta que iba a estar involucrado en el proceso sin importar el resultado.

El "punto cero de impacto" es el área justo debajo del punto donde una bomba nuclear estalla, el punto donde todo se evapora. Supe que tenía que enfrentarme a mi propio "punto cero de impacto" personal; la posibilidad de "evaporar" todo lo que había permanecido constante y seguro en mi vida. El "punto cero de impacto" es como yo identificaba este cambio, este punto de hacer estallar todas mis dudas y preocupaciones naturales y seguir al Espíritu hacia una aventura totalmente nueva.

Para experimentar mi propio "punto cero de impacto", tuve que considerar el precio que estaba dispuesto a pagar. Encontré que la única "moneda", lo único que no estaba dispuesto a pagar, era mi vida espiritual; porque eso soy *yo*. No estaba dispuesto a sacarme el corazón—por decirlo así—porque eso soy *yo*. No estaba dispuesto a herirme a mí mismo porque ese soy *yo*. Pero sí estaba dispuesto a soltar todo lo demás, alejándome de ello, corriendo si tenía que hacerlo, escapándome si así fuera necesario. Realmente, no me importaba. No me importaba lo que pensara o dijera la gente; si les parecía un irresponsable, que no funcionaba de acuerdo a las normas ni qué tipo de impresión causaba; realmente ya no me importaba y lo consideraba un precio fácil de pagar.

Fue increíble cómo las cosas cambiaron rápidamente, al tomar la decisión de experimentar desde el "punto cero de impacto" y estar dispuesto a dejar vaporizar todo lo que era mi vida hasta ese punto. En un par de meses, el camino se abrió de tal forma que pude salir del trabajo que había tratado de dejar por varios años. Cuando me fui, decidí que esa parte de mi vida había terminado por completo: sería como si no tuviera trabajo, carrera, dinero, familia, novia, auto, casa, ni nada. No había ya nada. Fue como si una bomba nuclear hubiera explotado en mi vida, llevándose todo lo viejo, todo lo pasado y todo lo que me tenía preso a las ilusiones de este mundo.

¿Qué pasó cuando dejé mi trabajo, mi vida anterior, mis compañeros, mi seguridad, mi rutina y mis supuestas responsabilidades? Me sentí libre. No tenía que afrontar las fechas límite impuestas por otras personas. Me convertí en mi propio hombre, lo que fue realmente muy divertido. Mi pensamiento no dependía de alguien que estuviera de acuerdo conmigo. Mis sentimientos no dependían de alguien que los apoyara o aprobara. Me sentí internamente nuevo y claro, como ser espiritual, nuclear.

La sensación de lo nuevo y lo claro—la sensación de libertad, la sensación de ser mi propio hombre, la sensación de mi propia alma—era tan poderosa, que irradiaba de adentro hacia afuera de mí. Estaba listo para salir y hacer explotar el dinamismo que comenzaba a crecer en mí, como ser espiritual. A partir de mi propio "punto cero de impacto", al vaporizar lo viejo y abrazar lo nuevo, me llené de una "radiación nuclear" (una energía y fuerza nueva, clara). Las personas, literalmente me paraban en la calle para preguntarme qué hacía. Veían en mi, libertad, claridad y simplicidad, percibían el alma; en mi decisión de ser mi propio hombre, había elegido mi propia alma. Permití que la energía del alma formara mayor parte de mi expresión física. Sucede que el alma de cada persona, cuando reconoce el alma de otra, responde y busca alcanzar esa Luz, esa verdad y esplendor. La vida es muy simple cuando se elimina todo lo superfluo y sólo queda una persona simple, viviendo una vida simple, enfocada en la comunión con el Espíritu. No hay nada más simple. ¿Fácil? No necesariamente; pero, definitivamente, simple.

A medida que yo me abría a lo que yacía del otro lado del "punto cero de impacto", encontré que algunas personas habían sobrevivido el estallido y permanecían conmigo de forma amorosa y libre. Las personas que eran importantes en términos de campos energéticos espirituales y en términos del nuevo trabajo espiritual que estaría haciendo, ni siquiera se estremecieron con la explosión. Realmente, parecían felices por ello y se regocijaban al verme encaminado hacia lo que verdaderamente me pertenecería. Estaban felices de que yo tuviera más tiempo y energía para dedicarme al trabajo espiritual, y ellos estaban allí para apoyarme. Descubrí que cuando tenía esta "nueva y clara" radiación interna que fluía de mí, atraía a personas que se encontraban en la misma condición—o cercana a ella—y viceversa. Nos encontrábamos y podíamos compartir nuestras experiencias.

Encontré que la gente estaba experimentando su propia versión del "punto cero de impacto". Un hombre me dijo que se había separado de su esposa y que recientemente se había involucrado románticamente con una nueva mujer, pero que en ciertos momentos estaba pensando reconciliarse con su esposa; así que tenía mucha confusión y no estaba seguro de lo que debía hacer. Yo le dije que podía hacer lo que él quisiera, pero que habría un precio que pagar: podría ser el de herir los sentimientos de su novia o herir los sentimientos de su esposa; podría tener que pagar una manutención; podría ser una decepción para su familia; podrían ser muchas cosas. Le dije que tenía que considerar las consecuencias, valorar el precio y decidir si estaba dispuesto a pagarlo para ser honesto consigo mismo, sea lo que eso fuera para él. No le gustó escuchar que había un precio que pagar, no importaba cuál fuera la elección; pero esa era la verdad.

Cuando hablé con él sobre esto, recordé y me sintonicé con el plano que tanto había visitado, donde causa y efecto es, claramente, parte de la acción total. Recordé que la ley del karma permite a cada persona completar y balancear todas las acciones de su vida. Recordé los seres de esta dimensión y cómo estaban llenos de tanta aceptación y amor, y cómo acogían y daban la bienvenida a un sentido de equilibrio. Esa fue la visión que mantuve en mi conciencia mientras este hombre consideraba sus elecciones, y se decidía por la que para él representaba más amor, honestidad e integridad. Cuando lo observé elegir desde su alma, hubo gran regocijo dentro de mí y descubrí que yo estaba encontrando el siguiente nivel de mi vocación; es decir, sostener un enfoque de energía espiritual, mientras otros alcanzaban su propia expresión de honestidad e integridad y empezaban a despertar a sus propias almas.

Más tarde, conocí a otro hombre que estaba en proceso de encontrarse con su propio "punto cero de impacto". Por muchos años había permanecido en un matrimonio insatisfecho y parecía no tener la capacidad de cambiarlo. Con el tiempo, se volvió impotente con su esposa y comenzó a ser infiel en su matrimonio, para probar que no era su culpa sino la de su esposa. En este proceso de infidelidad, se había separado aún más de su familia, había contenido toda su energía hacia adentro de si, y en realidad, se había encerrado en sí mismo. De alguna forma, esto produjo efectos negativos sobre su familia y un devastador efecto sobre él. Desarrolló úlceras, problemas de espalda, dolores de cabeza y hasta su vista se vio afectada. Sucedió que se había cerrado a su propia alma y a su conciencia del Espíritu interno y en los demás. Se sentía aislado, separado, incapaz de recibir ayuda, desterrado. No encontraba la salida, no encontraba la forma de ser feliz.

Un día vino a mí y me preguntó si estaba claro espiritualmente el poderse suicidar. Pensé en todos los recursos disponibles para él, aunque él no los conociera. Pensé en los recursos de la imaginación, de cómo podría utilizarla para darse a sí mismo una nueva visión de éxito y gozo. Pensé en los recursos de los sentimientos disponibles para él, con los que pudiera comenzar a manifestar el amor que tanto deseaba. Pensé en los recursos de la mente y como podía utilizar su inteligencia para crear nuevos comportamientos. Y pensé en su alma, queriendo experimentar conexión, unidad, amor y gozo. Le dije que no estaba espiritualmente claro el suicidarse; que había mucho disponible para él y mucho por hacer para "explotar" las ilusiones de la situación y generar más claridad. Me dijo que la situación, como estaba, era intolerable. Le sugerí que cambiara su actitud; sin embargo no sabía cómo, lo que era obvio porque, si no, lo hubiera hecho antes.

Así que, me senté con él y hablamos sobre qué haría en su vida si se sintiera libre de su esposa y familia (nueva imagen). De hecho, él ya tenía algunos planes realmente claros. Hablamos sobre qué haría profesionalmente, de cómo podría hacer una carrera que fuera emocionante, exitosa y económicamente gratificante (nuevas ideas). El había pensado en un plan sobre qué hacer, pero también tenía todas las razones por las cuales no podía llevarlas a cabo: su esposa no se lo permitiría, no podía dejar su trabajo actual, no tenía las credenciales necesarias, ni suficiente dinero, etc. Hablamos sobre cómo se sentiría, si pudiera hacer las cosas que quería (nuevas emociones) y de cómo podría utilizar estos sentimientos para apoyarse y nutrirse a sí mismo y así, cumplir con aún más de aquello que quizás vino a hacer aquí.

Hablamos sobre cómo al estar dispuesto a liberarse de su necesidad de aprobación (particularmente, de su esposa y familia), podría tener la posibilidad de hacer lo que había visualizado. Así que decidió intentarlo y formuló su plan en detalle, y estableció los pasos necesarios que debía tomar para completarlo y lo hizo. Cambió de carrera en un área totalmente nueva y alcanzó mucho éxito. Inicialmente, cuando hablamos sobre sus planes para el cambio, parecía incluir divorciarse de su esposa y tomar un nuevo camino en términos de su vida personal. Unos cuantos años más tarde, después de haber cambiado de carrera y lograr el éxito profesional, todavía estaba con su esposa; así que, le pegunté qué le había hecho cambiar su deseo de divorciarse. Me dijo que una vez que reconoció que podía lograr éxito en sus propios términos y de la forma que él, intuitivamente, sabía que era lo correcto para él, no tuvo la necesidad de divorciarse.

Dijo: "Me dije a mí mismo que si no tenía a mi esposa e hijos, podía hacerlo de esta manera—y entonces, lo hice de esa manera—y lo que descubrí fue que no era necesario divorciarme de mi esposa. Reconocí que la amaba a ella y a mis hijos, y que realmente quería formar un hogar con ellos". Él fue a su "punto cero de impacto", experimentó "la explosión" que suponía estar dispuesto a soltar todo lo que lo limitaba y hacer a un lado los obstáculos que había en su camino para así, sentirse realizado en su propia vida. Su familia logró sobrevivir "la explosión" también. Lo viejo se había ido, lo nuevo se estaba manifestando, y todos eran más felices.

Cuando tomas de manera conciente el camino del despertar espiritual—de la forma que lo quieras llamar—es importante que le des prioridad en tu vida ya que eso protege la integridad para contigo mismo. Quiere decir que no te venderás a cambio de complacer a otro, no te dejarás manipular para hacer cosas que van en contra de tu honestidad, y no te subyugarás ante nadie. Quiere decir que estarás parado firme en tu propio sentido de responsabilidad para contigo, con tu propio espíritu y alma, sin importar la circunstancia. ¿Significa que necesitas estar solo? No. ¿Significa que necesitas dejar a tu familia? No. ¿Significa que necesitas abandonar tu trabajo? No. ¿Necesitas tener la voluntar de hacerlo? Sí. Sí, definitivamente, necesitas estar conciente de lo que realmente te importa, de lo que es necesario para que tomes el próximo paso; y de hacerlo, sin importar el qué.

Cada persona tiene su propia realidad. Nadie puede juzgar—desde afuera—lo que otra persona está experimentando o expresando. Por eso, es muy importante para cada persona encontrar su propia verdad, encontrar lo que es eso para sí misma, ya que se trata de algo muy a nivel personal. La realidad individual está basada en muchas cosas del pasado y del presente, está basada en la experiencia del alma y en lo que cada individuo ha aprendido desde su propia experiencia del alma. Finalmente, cada uno de nosotros vive su propia vida, basados en nuestras propias experiencias y no en la de otros. Podemos aceptar la experiencia o punto de vista de otro, por un tiempo, pero eventualmente, nos enfrentaremos cara a cara con nosotros mismos y lo que hayamos aprendido de nuestra propia vida.

Para las personas que eligen seguir, de manera conciente, el camino espiritual, se hace importante el afrontar la realidad de las situaciones que han creado.

Porque es viendo cara a cara el sufrimiento y la desesperación, el gozo y el dolor, el amor, y la felicidad, tanto
en si mismos como en otros, como se puede llegar a ver
la cara de Dios. La cara de Dios se encuentra en todas
las experiencias. La cara de Dios nunca se te esconde;
sólo la escondes de ti mismo cuando no ves lo que es,
cuando no ves la realidad, cuando pretendes que puedes
conseguir que un ideal tuyo substituya la realidad. Es un
juego de tontos. Muchas personas lo hacen por largos
períodos de tiempo; yo lo hice por eones. Cuando me
encontré con mi "punto cero de impacto", logré demostrar mi aprendizaje de que no me funciona vivir mi vida
sobre la base de las premisas de otra persona. Para poder
crecer y para poder convertirte en tu propio hombre o
tu propia mujer, necesitas vivir tu vida bajo tus propios
términos. Puede que suceda que esos términos no estén
en conflicto con los de nadie. Esos términos puede ser
que armonicen hermosamente con tu familia, tu iglesia,
tu comunidad y tu país, lo cual es una dicha y una gran
bendición. Y si no es así, y tú eliges caminar por tu propio
camino, también es una dicha y una gran bendición.

Todas las cosas son de Dios. Cada uno de nosotros es
un hijo de Dios. No existe nadie fuera de Dios. Cada uno
lleva adentro una chispa divina de energía, el alma, la cual
es una extensión directa de Dios. La forma en que nos
relacionamos con el alma, como la expresamos, como
la abrazamos o ignoramos, es una elección personal. No

existe una forma correcta o incorrecta de hacer esto. No existe una manera mejor o peor de hacerlo. Existen muchas, muchas elecciones, y todas tienen sus consecuencias. Dios nos ama a todos, no importa qué. Dios es nuestro Padre y nuestra Madre. Dios es el amante original e incondicional de sus hijos, no importa qué tan lejos se hayan aventurado, no importa qué hayan hecho o qué no, no importa qué tan separados o apartados estén. La puerta siempre está abierta. Siempre eres bienvenido. Siempre puedes regresar a casa.

Si quieres experimentar más de tu propia alma, si quieres regresar a casa, quizás mi historia te dé algunas ideas de lo que podrías hacer. Espero, por lo menos, haberte estimulado a pensar sobre tu alma y tu relación con el gran Espíritu de Dios. Dios nos ha dado a cada uno de nosotros el valioso regalo de la vida y la conciencia, añadiéndole luego el regalo de la libertad de hacer con ello lo que queramos. Dios nos ha elegido a cada uno de nosotros como herederos a su trono; está en nuestras manos cuándo elegir el regreso a casa con Él y reclamar todo lo que nuestra herencia nos ofrece.

Si yo elevara una plegaria, esta sería que todos y cada uno ustedes elijan el regreso a casa con Dios. Esa ha sido mi elección y la recomiendo.

Buen viaje a todos.

Si aprendieras el secreto de la Trascendencia del Alma,
busca sólo el bien,
lo divino en las personas o cosas,
y todo el resto, déjaselo a Dios.

—JOHN-ROGER—

NOTAS

1. Para una versión más visual de los planos del espíritu, vea el Gráfico de los Planos en la página 266.

2. Para más información sobre ejercicios espirituales y Trascendencia del Alma, como lo presenta John-Roger, refiérase a la lista de materiales de estudio al final de este libro.

GRAFICO DE LOS PLANOS

PLANO	SONIDO	COLOR
PLANOS POSITIVOS (Espíritu) (Luz Espiritual)	(No verbalizado)	(No verbalizado)
DIOS		
27 Niveles	HU Mil violines Canto de ángeles Brisa de verano a través de los sauces	Claridad Dorado pálido Dorado claro
ALMA	Sonidos persistentes parecidos al de flautas	Dorado
PLANOS NEGATIVOS (Niveles de reencarnación) (Luz Magnética) (Consejo Kármico)	Espejo cósmico	
ETÉRICO (Inconciente)	Zumbido de una abeja o mosca	Violeta
MENTAL (Mente)	Agua fluyendo o el murmullo de un arroyo	Azul
CAUSAL (Emociones) (Karma)	Campanas tintineando	Naranja
ASTRAL (Imaginación)	Marea / Oleaje	Rosado
FÍSICO (Ser conciente) (Cuerpo físico)	Truenos; latidos del corazón	Verde

Canal Rukmini

Subconsciente
Inconsciente
Hábitos
Adicciones
Obsesiones
Compulsiones

(Nota: Seres Elevados ó seres Básicos pueden venir de cualquier nivel)

EPILOGO

Ha sido una fortuna y un placer haber trabajado con personas a través del mundo durante casi cuarenta años, asistiéndolas en despertar a sus almas y Espíritu. Si te sientes atraído para aprender más sobre este camino al que yo he llamado Trascendencia del Alma, eres bienvenido a contactar al Movimiento del Sendero Interno del Alma (MSIA), al P.O. Box 513935, Los Angeles, CA 90051-1935. También puedes ir a esta página web: www.msia.org. MSIA ofrece una variedad de programas, libros, cintas de audio y de video.

El que habita en el amor, habita en Dios, y Dios en él.

Juan I, 4:16
(Version Rey James)

*L*os siguientes materiales de estudio pueden apoyarte para aprender más respecto a las ideas presentadas en este libro.

LIBROS

EL GUERRERO ESPIRITUAL: El Arte de Vivir con Espiritualidad — Lleno de Sabiduría, humor, sentido común y herramientas prácticas para la vida espiritual. Este libro ofrece sugerencias prácticas para hacernos cargo de nuestras vidas y crear mayor salud, felicidad, riqueza y amor. Tornarse en un guerrero espiritual no tiene nada que ver con violencia. Se trata de utilizar las cualidades positivas del guerrero espiritual: intención; implacabilidad e impecabilidad, para contrarrestar los hábitos personales negativos especialmente cuando te confronta la adversidad.
ISBN #: 0-914829-62-9

RELACIONES: Amor, Matrimonio y Espíritu — Este libro brinda claves aplicables y funcionales para mejorar nuestras relaciones. En resumen, nos dice que la relación suprema es la relación consigo mismo y nos brinda una guía para lidiar efectivamente con cónyuges, hijos, personas significativas, pareja, jefe y compañeros de trabajo, al igual que información sobre la plenitud sexual, el aborto, leyes espirituales, etc.

Algunos de los temas en los capítulos de este libro incluyen:

Las Relaciones y la Ley Espiritual
Las Trampas Sutiles de la Comunicación
Plenitud Sexual
El Dolor: Un Despertador
El Precio de la Aprobación
Terminar una Relación

Previamente conocido como Relaciones: El arte de hacer funcionar la vida, próximamente saldrá al mercado en su nueva versión.

ISBN #: 978-1-893020-34-4

PERDONAR: *La Llave del Rein*o — El perdón es el factor clave de la liberación personal y el progreso espiritual. Este libro presenta tomas de conciencia profundas respecto al perdón, y el júbilo y libertad personales producto del mismo. El negocio de Dios es perdonar. Este libro brinda ánimo y técnicas para que sea también nuestro negocio.

ISBN #: 0-914829-96-X

***LOS MUNDOS INTERNOS DE LA MEDITACIÓN*—**
En este manual de auto-ayuda para la meditación, las prácticas de la meditación se transforman en recursos valiosos y prácticos para explorar los planos espirituales y lidiar con la vida más efectivamente. Incluye una gran

variedad de meditaciones que pueden utilizarse para adquirir mayor conciencia espiritual, mayor relajación, equilibrar las emociones y aumentar la energía.

ISBN #: 0-914829-75-0 En 3 Discos compactos

MOMENTUM: Dejar que el Amor Guíe — La simplicidad de este libro comunica un profundo mensaje: Se puede vivir una vida plena no al intentar más duro, trabajar más o dormir menos, sino al dejar que el amor te guíe.

ISBN #: 1-893020-24-X

¿CÓMO SE SIENTE SER TÚ? :Vivir la Vida como Eres en Realidad — "Qué pasaría si dejaras de hacer lo que crees que se supone debes hacer y empiezas a ser quien realmente cres?" Este libro presenta ejercicios, meditaciones, una narrativa para explorar quienes somos en realidad e incluye una nueva publicación en disco compacto "Meditación para la Alineación con el Ser Verdadero".

ISBN #: 978-1893020-42-9

DISERTACIONES DEL CONOCIMIENTO DEL ALMA:

Un Curso sobre La Trascendencia del Alma — Las Disertaciones están diseñadas para enseñar la Trascendencia del Alma, lo cual significa hacerte conciente de ti mismo como alma y como unidad con Dios, no como una teoría, sino como una realidad viviente. Son para personas que deseen un método constante, comprobado a lo largo del tiempo para su desarrollo espiritual.

Un juego de Disertaciones del conocimiento del Alma consta de doce fascículos, uno para cada mes del año para estudiar y contemplar durante el mes. Al leer cada Disertación, activarás tu conciencia de la esencia divina y profundizarás tu relación con el Espíritu.

Las Disertaciones, esencialmente espirituales, son compatibles con las creencias religiosas que pudieras tener. De hecho, la mayor parte de las personas encuentra que las Disertaciones apoyan la experiencia de cualquier camino, filosofía o religión que eligiesen seguir. Dicho en otras palabras más sencillas, las Disertaciones se tratan de verdades y sabiduría del corazón.

El primer año de Disertaciones habla de temas que van desde crear éxito en el mundo hasta trabajar de la mano con el Espíritu.

Un juego anual de Disertaciones, en Estados Unidos, cuesta $100 dólares estadounidenses. El MSIA ofrece el primer año de las mismas a un precio de introducción de $50 dólares.

Para pedir las Disertaciones puedes escribir un correo electrónico a alma@msia.org o dentro de los Estados Unidos llamar al 1-800-846-1586.

EL DOCTOR JOHN-ROGER es un educador y conferencista de talla internacional que ha ocupado el primer lugar en la lista de "Bestsellers" del New York Times. Ha ayudado durante casi 40 años a la gente a que descubra el Espíritu adentro de ellos, al educarlos en la sabiduría del corazón espiritual.

LA DOCTORA PAULI SANDERSON ha estudiado y trabajado con John-Roger desde sus comienzos como maestro espiritual. Tiene un título master en Sicología Clínica y un doctorado en Ciencia Espiritual. En su trabajo se desempeña como escritora, profesora y terapeuta.

www.ingramcontent.com/pod-product-compliance
Lightning Source LLC
Chambersburg PA
CBHW031829090426
42741CB00005B/179